ひとりでも学べる
教育の理念・思想・歴史

上坂保仁・神林寿幸・廣嶋龍太郎

編著

髙橋均・佐々井利夫・板橋政裕

八千代出版

執筆者一覧

上坂　保仁　　明星大学教育学部教授　　　　　　　第5章1〜3、第6章2

神林　寿幸　　明星大学教育学部准教授　　　　　　第3章、第8章、第9章

廣嶋龍太郎　　明星大学教育学部教授　　　　　　　第2章、資料、コラム1

髙橋　　均　　北海道教育大学教育学部旭川校教授　第1章、第6章1・3、コラム2

佐々井利夫　　明星大学名誉教授　　　　　　　　　第4章、第5章4

板橋　政裕　　明星大学教育学部准教授　　　　　　第7章

はしがき

　「わかんないってことが、何だろうって興味をもつきっかけなんですよね」。芸人のタモリ（森田一義）さんがテレビ番組の対談で静かに語っていた。「わかりやすさ」が頻繁に求められる昨今、いかにも「タモリ」さんらしい。彼が学生時代に西洋哲学を専攻したこととの連なりはそれこそ「わからない」が、あっという間に体制化しうる通俗に対し、斜に構えるかのようなまなざしは健在である。本書を開いていただいたみなさまにとって、例えば、「教育」という営みにおけるさまざまな「わからない」は、どのようなことを指したり、意味したり、イメージされたりするだろうか。図々しくもタモリさんに乗っかれば、それらが明確に、あるいは漠然と、「わからない」からこそ（時には「わからない」かどうかも「わからない」からこそ）、「教育」の基盤的、根源的な問題を考察する「理念」「思想」や、「教育」の「歴史」に関して着目する本書が、いくばくかでもみなさまの「興味をもつきっかけ」となれば幸いである。世の中や人間について「わからない」ことだらけの編者ゆえ、ともに考えていきたいという思いを込めながら。

　本書は、文字どおり「教育の理念・思想・歴史」を取り上げた教科書である。大学の教職課程における「教育の基礎的理解に関する科目」のなかの、「教育の理念ならびに教育に関する歴史および思想」を取り上げる授業に対応しているが、大学生に限らず、広く、「教育の理念・思想・歴史」に少しでも興味をもたれたすべての方々を対象としている。「教育」という営みをめぐる基礎学としての内容を、「教育とは何か」という問いから始め、日本および西洋における「教育の思想と歴史」を古代から近代に至るまで辿っていく。のみならず、「現代の教育思想」についても章を設け解説し、さらには「子ども観」等の変遷や「現代の教育課題」にもふれる構成となっている。

「教育」という語を、ここまでにもすでにいくたびか用いてきたが、そもそも、「教育」という語の捉え方は一筋縄ではいかない。例えば、「教育」という語にかかわる、「学ぶ」とは何か。あるいは、「あなたにとって真の『師』とは」と問われたらどうであろうか。母親、学校の担任、サッカースクールのコーチ、俳優の誰々、はたまた漫画のなかの脇役何々と答えるかもしれない。およそ「教育」という営みにかかわる諸相は、十人十色、千差万別だからこそ興味深いのかもしれない。本書において、多くの教育思想家や実践者（実践家）が登場する。各時代をつくった生身の人間としてみてみたいものである。

　タイトルには「ひとりでも学べる」と冠した。「ひとり」には、時に寂しさが浮かぶであろう。たとえ今、周囲からの理解が得られなかったり、誰もわかってくれず寂しい思いをしていたとしても、世の中のどこかに（それは文学作品の行間に、野球選手の悔し涙の奥に、演奏家が奏でる音楽のなかに、等々を含め）必ずや、あなた自身に共感してくれる人間がいる。さまざまな教育思想家や実践者に向き合いながらも、自分自身の考えや思いを簡単には変えず大事に取っておいてほしい、と思う。

　冒頭の同対談でタモリさんは「わかんないところはわかんないでいいと思う」ともいう。人生を眺めるなかで、なるほどといえないだろうか。むろん、だからといって本書が、読者諸氏に対する「わかりやすさ」への努めから逃れたいわけではない。「教育」にかかわる諸々の「問い」に直面するさい、例えば、生きてきた／生きている自分自身のこだわりや、世間からみれば些細なとされるちょっとしたできごと、言語化できないような（したくないような）思いを承認しながら、時に「『わからない』ことは『わからない』」を大切にしてみることも、他者とともに在る人間の「生」において意味のあることではないだろうか、と考えてみたかったからである。

　最後になりましたが、本書の刊行に当たり、八千代出版の御二方にとりわけ感謝を申し上げなければなりません。企画の段階から全体を通じ、時

に鋭く常にあたたかくアドヴァイスを頂戴した森口恵美子さん、そして、編者のわがままを寛大に受け入れていただき、終始丁寧な編集に尽力してくださった井上貴文さんに、編者を代表して御礼を申し上げます。心より、ありがとうございました。

2023 年 11 月 　　　　　　　　　　　　　　　　　　上坂保仁

目　　次

第 1 章

教育とは何か
──教育の理念

▪▪▪▪▪▪▪▪▪▪▪▪▪▪▪▪▪▪▪▪▪▪▪▪▪▪▪▪▪▪▪▪▪▪▪▪▪

> **本章のつかみ**
>
> 教育という営みはあまりに身近であるがゆえに、その本質がみえにくい。本章では、人間にとって教育がなぜ必要になるのか、教育の原理とはどのようなものか、教育という営みにとって教育の理念はいかなる意味をもつのかについて検討し、教育という営みをめぐる今日的課題について考える。

1　人間にとって教育は、なぜ必要なのか

　私たちが生まれ落ちてきたこの世界には、教育という営みが存在しており、私たちはこれまで当然のように家庭で「しつけ」を受けたり、学校に通い、そこで新しい知識を得たり、集団活動を通じて協調性や社会性を身につけたりしてきたはずだ。しかしそもそも、なぜこの世界には教育という営みが存在するのだろうか。なぜ人間は教育、すなわち、「教え、育てる」という営みをこれまで延々と続けてきたのだろうか。

　まず、「育てる」という営みから考えてみよう。人間にとって「育てる」という営みが必要となるその理由として、生物としての人間の発達上の特殊性を指摘することができる。スイスの生物学者 A. ポルトマン (Portmann, Adolf 1897-1982) は、生物としての人間、つまり、ヒトは生後から一定の期間、「母親や養護者のたすけなしには一日も生きていけない」(ポルトマン 1961：26) 存在であって、「人間は生後 1 歳になって、真の哺乳類が生まれ

1

た時に実現している発育状態に、やっとたどりつく」と指摘した。そして、自分ひとりでは何もできない状態でヒトが生まれてくることを、「一種の『生理的』、つまり、通常化してしまった早産」としての「生理的早産」と呼んだ（同上：61-62）。哲学者・思想家 J. -J. ルソー（Rousseau, Jean-Jacques 1712-1778）が、「わたしたちは弱い者として生まれる。わたしたちには力が必要だ。わたしたちはなにももたずに生まれる。わたしたちには助けが必要だ」（ルソー 1962：24）と述べ、また同様に教育哲学者 J. デューイ（Dewey, John 1859-1952）が「人間の子どもは、もし他の人々の指導や援助なしで放置されたならば、肉体的生存のために必要な基本的能力を獲得することさえもできないほど、未熟である」（デューイ 1975：15）と述べるように、人間の子どもの、その生来的な弱さや未熟さが「育てる」という営みの出発点となるのだといえる。ヒトは弱く無力な生物として生まれ、他者からの養護や支援を絶対的に必要とするというこの圧倒的な事実が、「育てる」という営みを必然的に要請しているのである。

　続いて、「教える」という営みについて考えてみよう。人間にとって「教える」という営みが必要となるその理由として、生物としての人間の「生命の有限性」と「個体の不連続性」とを指摘することができる。

　まず、「生命の有限性」についてであるが、これは、人間はこの世に生を享けた以上、いつかこの世を去らねばならないという、誰もが予期し、いずれ直面する絶対的事実のことを意味している。この世界の構成員は絶えず入れ替わる宿命にあり、私たちは常に、世代交代という文化伝達の危機に直面していることになる。

　次に、「個体の不連続性」についてであるが、これは、人間という存在が、それ以上分割することのできない個体として完結しており、他者（これは人間に限らず、例えば書物もまた他者となる）とつながろうとしない限りは、価値・規範・知識・言語などの文化の共有が困難になることを意味する。かつて哲学者 J. ロック（Locke, John 1632-1704）は、その著書『人間知性論』に

おいて、人間の心をラテン語で「白紙の状態」を意味する「タブラ・ラサ Tabula Rasa」に喩え、以下のように述べた。

> 心は、言ってみれば文字をまったく欠いた白紙で、観念はすこしもないと想定しよう。どのようにして心は観念を備えるようになるか。（中略）これに対して、私は一語で経験からと答える（ロック 1972：133）。

ロックは人間を、生得的に知識や観念をもたないものとみた。そうであるがゆえに、白紙状態の心に経験を書き込んでいく、経験を獲得していく教育という名の文化伝達の営みが必然的に要請されるというわけである。

教育について深い洞察をなした社会学者 É. デュルケーム（Durkheim, Émile 1858-1917）も同様に、後行世代である子どもたちを「白紙」に喩え、「社会は、あたかも、新規に染め上げねばならぬ白紙に向かうのと等しい態度で、新たな世界に相対する」（デュルケーム 2010：28）と述べている。すなわち、社会の存続を担う人間は、生まれ落ちた世界あるいは先行世代が保持してきた文化という、あらかじめ個体の外部に存在するものを、白紙としての個体の内側に取り込むことを求められるのであり、ここに、人間にとって「教える」という営みが必然的に要請される理由がある。

このように、「生理的早産」「生命の有限性」「個体の不連続性」という、人間が背負う宿命に対峙しつつ、「世代交代という自然の内側からのゆさぶりに対して、人間の集団は、その集団を維持してゆくためのさまざまの装置をつくってきた」（中内 1990：18-19）のであるが、その装置のひとつが、教育という「教え、育てる」営みなのである。

2 教育という営みには、なぜ理念が必要なのか

教育という営みにとって「理念 Ideal」──すなわち、ある物事についての、こうあるべきだという根本の考え──は、なくてはならないもので

ある。なぜ、そういえるのだろうか。

　このことを考えるさいに手がかりとなるのが、「存在」と「当為」の概念である。まず、「存在」については、例えば、道端に転がっている石をイメージしてもらえばわかりやすいだろう。つまり、「存在」とは、手の加えられていない自然の状態で物体がただそこに在るという事態を意味する。「あるがまま」、それが「存在」ということである。次に、「当為」についてであるが、これは、「あるべきこと」あるいは「なすべきこと」を意味する。もしあなたが、道端に転がっている石をみて、「この石は水のなかにあるべきだ」と考え、付近を流れる小川にこの石を投げ込もうと企図するならば、その時、そこには「当為」（という想念）が生じていることになる。

　以上の議論は、教育という営みに置き換えて考えることができる。試みに、新生児を得た母親と父親のすがたを想像してみよう。今、保育器のなかで安らかな寝息を立てている「あるがまま」の新生児を前にして母親と父親は、「勉強のできる子に育って欲しい」「明るい子に育って欲しい」「人に優しくできる子に育って欲しい」等々、新生児という「存在」に対して、「そうあるべきこと」という「当為」を思い浮かべることになる。そして、この母親と父親は、家庭環境を教育的に整えたり、育児書や育児雑誌を読んだりしながら、新生児を「当為」へ近づけていくための働きかけをしていくことになるだろう。

　このように、教育とは、ある人間が「存在」から「当為」へと変容していく過程、または、ある人間を「存在」から「当為」へと導いていく過程である。この、「存在」を「当為」へと導いていくという課題を達成することが、教育という営みの「原理」──すなわち、事物・事象が依拠する根本法則──であるといえる。教育という営みは、「やがてそうなって欲しいすがた」、つまり、理想の、望ましい人間像を「存在」たる子どもに投影することによってはじめて成立するのであり、そのさい、教育における「当為」という「教育の理念」が不可欠となる。教育は、「あるがままの子

ども」（存在）を「そうあるべき子ども」（当為）へと変容させていく営みであり、目指すべき「教育の理念」がない教育という営みを想像することは、およそ困難であろう。

3 「社会化」と「教育」

　教育という営みについて理解を深めるために、さらに歩みを進めよう。ここでは、「社会化 Socialization」と「教育 Education」というしばしば混同される営みについて取り上げ、両者の共通性と差異についてみていくことにしよう。

　デュルケームは、教育という営みとは何かということについて論じ、「もっとも迅速な方法によって、社会は誕生したばかりの利己的、非社会的存在に道徳的かつ社会的生活を営みうるような他の存在を添加しなければならない」（デュルケーム 1976：60）と述べる。ここでデュルケームは、この世に生を享けて間もない子どもを、自己中心的で、社会規範・社会性を体得していない「存在」とみたうえで、人間よりも社会を上位に置き、新しくこの世界に登場した子どもに対して、社会がその体得を要請する道徳意識・価値・規範といった「他の存在を添加」すること、つまり、子どもに文化を内面化させることが教育の役割であるとする。

　デュルケームにとって、教育の役割は、既存の社会秩序を安定的に維持することにある。曰く、「社会は、その成員間に充分な同質性があって、はじめてよく存続することができる」。すなわち、社会は、その構成員が同じ価値・規範・社会性を共有することによってはじめて存続しうるのであり、デュルケームにとって教育は、「何よりもまず、社会が、固有の存在条件を不断に更新するための手段」（デュルケーム 2010：27）なのである。

　さらにデュルケームは、「教育とは（中略）若い世代を組織的に社会化すること」と述べ、一旦、教育と社会化をほぼ同一視する（教育＝社会化）。しかし彼は、その慧眼によって、教育＝社会化という営みが、人間の内部に

「個人的存在」（l'être individual）と「社会的存在」（l'être social）（同上：27-28）
という２つの存在を生み出すことを見抜いていく。

　ここで「個人的存在」とは、「われわれ自身およびわれわれの個人的生
活の諸物にのみ関連するところの、すべての精神状態から成っている」存
在であり、一方、「社会的存在」とは、「われわれが構成している一つのない
しは諸々の集団を表現するところの、観念、感情および習慣の一体系」
である。これら２つの存在は、本来、不可分に一体化しており、「抽象によ
ることなくしては分離しえないものである」（同上：27）が、デュルケーム
は、「個人的存在」を生み出すのが「教育」であり、「社会的存在」を生み
出すのが「社会化」であるとして、「教育」と「社会化」という営みが、そ
れぞれ異なった存在を生み出す作用をもつとみる。

　「教育」と「社会化」はともに、ある理想の存在、そうあるべき存在とし
ての「当為」へと個人を導いていく営みである点では共通しているが、実
現を目指す「当為」の質においては差異があり、この意味において、「教
育」と「社会化」の両者は区別される。「教育」は「革新的・創造的」な営
みであり、教育の理想は社会の現実を超えるのに対して、「社会化」は「保
守的・体系維持的」な営みであり、社会成員の同質性を確立することを通
じ、社会秩序の安定に資するということ。これが、「教育」と「社会化」の
両者を峻別可能にする、決定的な差異である（山村 1973）。すなわち社会は、
「社会的存在」を生み出す「社会化」という営みを土台としながら、社会の
秩序の維持・安定を図りつつ、一方、「教育」という営みを通じ、日々、
「個人的存在」という「人間の内部にまったく新たな人間を創造」している。
この新たな人間を生み出す「創造力は、人間教育に固有の特権」（デュル
ケーム 2010：29）であり、この新たな人間存在を生み出す営みであるという
点にこそ、「教育」に固有の価値が見出されるのだといえよう。

4 教育という営みの諸相

　私たちは「教育」という言葉を見聞きすると、往々にして、学校で行われる授業や集団活動を思い浮かべるのではないだろうか。では、私たちにとってあまりにも身近な「教育＝学校教育」という観念・イメージは、一体いつ頃に登場し、定着してきたのだろうか。

　「『教育エデュカシオン』ということばは、古代においては、わたしたちがその意味ではつかわなくなっている別の意味をもっていた」（ルソー 1962：32）との指摘にあるように、Education は歴史上、その指示連関（音声と概念の結びつき）を多様に変化させてきた。例えば、『オックスフォード英語辞典』によれば、Education は 1531 年に、「食物を与えること」「養育」を指す Nourishing の意味で登場している。また、ドイツ語で現在「教育」を意味する Erziehung も、もともとの意味は「（動物などを）飼うこと」を意味していたという（森 1993：30-31）。

　その著書『〈子供〉の誕生——アンシァン・レジーム期の子供と家族生活』において、子どもへの人々の意識・観念の歴史的変容を論じた歴史家 P. アリエス（Ariès, Philippe 1914-1984）によれば、かつて西欧における中世の時代、子どもたちは、仕事や散歩あるいは遊びといった日常生活のあらゆる場面において、大人たちと混在していたという。そこではまだ、今日の私たちが自明とするような「子供の世界を大人の世界から分離しようという傾向」はみられなかった（アリエス 1980：39）。つまり、中世の時代にあって、大人と区別される、固有の存在としての〈子ども〉はまだ誕生していなかったのであり、「教育というような観念は、14 世紀初めの生徒の生活様式とは無縁であった」（同上：167）。

　やがて近代に入ると、「子供は人生に入っていくためには十分成熟していない」といった、子どもを未熟な存在とみなす意識・観念が立ち現れ、大人の世界から切り離され、教育されるべき対象としての〈子ども〉が誕

生する。そして、子どもを「ある特殊な体制のもとに、世間から隔離された体制のもとに置いておく必要があることが認められるようになる」（同上：385）のである。

〈子ども〉の誕生とは同時に、「教育」——以下では、学校教育という狭義の教育を「教育」と標記する——の誕生を意味した。その「教育」とは、私たちにとって馴染み深い「子どもに『学問』（l' ecolage）と『よき習俗』（見習奉公）とを同時に与えるために、大人の社会から子どもを引き離す様式」（アリエス 1983：185）であった。すなわち、子どもたちを集団として学校という空間に囲い込み、そこで知識やスキルの伝達を行い、他方で児童生徒にふさわしい「正しい振る舞い」ができるよう社会化する、私たちにとっては自明というべき、教育と社会化が不可分に一体化した「教育」が、近代社会に登場してくるのである。

デュルケームもまた、文明化が進行し、近代社会へと移行していくなかで、「教育」が必然的に要請されてくることになると指摘している。

　　人類によって獲得された精神的、道徳的文化が複雑化し、共同生活全体の中で重要な役割を演ずるようになるや、これをひとつの世代から次の世代に伝達するにも、もはや自然の成り行きに任せておくわけにはいかなくなる。真の意味の教育が開始されるのはじつにこの時である（デュルケーム 2010：314）。

このような「教育」の定着はやがて、「教え、育てる」という営みを学校が独占する「学校化 Schooling」と呼び称される事態をもたらし、社会評論家・文明批評家 I. イリッチ（イリイチ）（Illich, Ivan 1926–2002）によってその問題性が指弾されていくことになる（イリッチ 1977）。学校化という視座をイリッチと共有した教育実践家・哲学者 P. フレイレ（Freire, Paulo 1921–1997）にとって「教育」とは、「本質的に、『他人の中に学習を生産すべく』

計画されているもの」であり、それは「出会いから生まれる自発的で自律的な発見とは正反対のもの」（フレイレ・イリイチ 1980：43）である。

　イリッチやフレイレの指摘が私たちに気づかせてくれるのは、ともすれば看過されがちな、「教育」と対置される〈教育〉——以下では、学校教育と区別し、広義の教育という営みを〈教育〉と標記する——という位相が厳然として存在しているという事実である。

　学校教育を「意図的教育」と呼ぶならば、それに対置される「無意図的教育」という位相を措定することができるが、歌人・劇作家寺山修司 (1935-1983) は、このような「無意図的教育」の意義、あるいは、学校教育が教育という営みのすべてではないということをいみじくも看取していた。

　　　教育は与えるものではなく、受けとるものである、と思えば、人生い
　　　たるところに学校ありで、ゲームセンターにも競馬場にも、映画のス
　　　クリーンの中にも、歌謡曲の一節にも、教育者は、いるのである（寺
　　　山 1993：131-132）。

　以上の寺山の言辞は、学校教育のように「いつ何をどのように学ぶのか」を計画されない、偶然の「出会い」を通じて、人間は何らかの影響を受け、変容する可能性があることを示唆している。私たちは日常的にテレビやラジオ、インターネットといったメディアに接しているが、例えば、ラジオから何気なく流れてくるパーソナリティのおしゃべりから私たちが何らかの知識や行動の指針、あるいは気づきなどを得るならば、それは〈教育〉であるといえるのである。

5　教育思想家・教育実践家の言辞にみる教育の理念

　これまでみてきたように、教育という営みには、「当為」——「あるべき教育のすがたとはどのようなものか」「人はどのような存在へと変容し、

導かれていくべきか」といった想念——を必要とするという「原理」が横たわっている。そして、このような原理が、数多の思想家や教育実践家たちにさまざまな教育の理念を語らせてきたのである。これまで教育を受けてきた経験のある私たちもまた、何がしかの教育の理念あるいは理想とする教育のあり方をめぐるイメージというものを各々でもっているはずである。人の数だけ教育の理念が存在するといっても過言ではなく、インターネット上での教育に関するニュース記事のコメント欄をみれば、多くの対立・矛盾した教育の理念がそこに語られているのを目にすることだろう。

　さて、教育の理念をめぐる歴史を遡るならば、それを総じて、教育は内部からの発達であるという考え方（＝進歩主義教育）と、教育は外部からの形成であるという考え方（＝伝統的教育）との対立、すなわち、「教育は自然的な素質を基礎におくという考え方と、教育は自然の性向を克服し、その代わりに外部からの圧力によって習得された習慣に置き替えられる過程である、という考え方」（デューイ 2004 : 16-17）の対立の歴史として描くことができる。ここでは、現代の学校教育における支配的な教育の理念となっている「生きる力の育成」や「主体的・対話的で深い学びの実現」に対して大きな影響を及ぼしている「開発主義」——人間（子ども）が内に秘めた能力（潜在能力）や可能性を十全に開花させることを目指す教育（田中ほか2020）——を主唱する教育思想家・教育実践家たちの言辞をひも解き、そこに見出される教育の理念にしばし耳を傾けてみたい。

1）ルソーにおける教育の理念

　思想家・哲学者ルソーは、小説仕立てで自らの教育論を展開したその著書『エミール』において、「かれをひとりで自由にさせておくがいい。かれが行動するのをなにも言わずに見ているがいい。かれがすること、そしてどういうふうにするかを注意して見ているがいい」（ルソー 1962 : 278）と述べ、できる限り介入を避け、子どもの自由を最大限に尊重する消極的（否定的）教育を提唱する。

ではルソーは、教育という営みを通じて、どのような人間が創造されるべきと考えたのだろうか。彼は「社会の秩序」と「自然の秩序」とを対置させ、自然の秩序に従うことを「当為」とする。ルソーのいう社会の秩序とは、階級社会のことであり、そこでは「すべての地位ははっきりと決められ、人はみなその地位のために教育されなければならない」（同上：30）のだという。

　ルソーは、このような社会の秩序を維持・再生産するための教育を否定し、自然の秩序に従う教育を称揚する。なぜならルソーは、自然の秩序の下では、「人間はみな平等である」と考えたからである（同上：31）。ある人間が社会の秩序＝階級社会のなかで特定の役割を果たせるようにするための教育こそが、ルソーにとって退けられるべきものであった。こうした教育をめぐる考え方は、今日において支配的な、有用性を称揚する教育の理念とは対極にあるものといえるだろう。

　自然の秩序のうちにあっては「共通の天職は人間」となるのだとして、ルソーはこう述べる。「生きること、それがわたしの生徒に教えたいと思っている職業だ」（同上：31）。またルソーはこうも述べる。「大人になったとき、自分の身をまもることを、運命の打撃に耐え、富も貧困も意にかいせず、必要とあればアイスランドの氷のなかでも、マルタ島のやけつく岩のうえでも生活することを学ばせなければならない」と。このようにルソーにとって「生きること」とは、人間が直面する過酷な運命に打ち勝つことである。そのうえでルソーは、「生きること、それは呼吸することではない。活動することだ。わたしたちの器官、感官、能力を、わたしたちに存在感をあたえる体のあらゆる部分を用いること」であると述べる（同上：33）。ルソーにとって、「生きること」とは、人間がもつ潜在能力のすべてを発揮して、社会や環境の変化に向き合い、生き抜いていくことと解することができる。すなわち、子どもを取り巻く環境の絶えざる変化を前に、子どもが「人間としての生活」（同上：31）を可能にする根源的な能力を開

花できるように導いていくことが、ルソーが理想として掲げる教育のあり方であった。

2）ペスタロッチにおける教育の理念

　ルソーの教育思想から影響を受けた J. H. ペスタロッチ（Pestalozzi, Johann Heinrich 1746-1827）は、貧困層の子どもを対象として消極的（否定的）教育を実践した。ペスタロッチもルソーと同様に「自然の秩序」に着目し、「陶冶 Bildung」——人間のもって生まれた素質や能力を理想的なすがたにまで形成すること——を自らの教育の理念の根幹に据える。この陶冶に対置されるのは、「急がずに時期を択ぶ自然の言葉の秩序をともすればむりやりに駆り立てようとする」ような「学校の人為的な方法」（ペスタロッチ 1993：11）である。

　ルソーと同様にペスタロッチは、「自然の秩序」から離れることを否定する。そして、階級社会や不平等な社会の維持・存続を促すことを教育という営みの当為とする人々に対して懐疑の目を向け、「身分や職業や支配や奉仕に関する陶冶を不自然に強行する者は、人類を最も自然的な浄福の悦楽から誘って、暗礁の多い海へと導いてゆく者だ」（同上：20-21）と舌鋒鋭く批判する。そのうえで彼は、「人類の家庭的関係」を「最初のかつまた最も優れた自然の関係」であるとし、「職業及び階級状態のための人間の陶冶」は、この自然の関係、すなわち、自然の秩序に対して従属的位置にあるべきと主張するのである（同上：20）。

　ペスタロッチにとって陶冶が目指すべきところは、人間がその内面に「安らぎ」を得られるようにすることであった。この「安らぎ」が得られた時、人間は「いかなる障害に際しても、彼の地位と彼に得られる楽しみとに甘んじ、隠忍」（同上：21）することができるようになる。このように、陶冶を通じて、「純粋な、気高い、そして足るを知る人間の偉大さを自分から放射する」（同上：18）ことができるよう人間形成を図ること、それがペスタロッチにおける教育の理念なのである。

3）フレーベルにおける教育の理念

　幼児教育をめぐる思想の深化にあって多大な貢献をなしたF. W. A. フレーベル（Fröbel, Friedrich Wilhelm August 1782–1852）もまた、消極的（否定的）教育の主唱者であった。彼は、「教育、教授、および教訓は、根源的に、またその第一の根本特徴において、どうしても受動的、追随的（たんに防御的、保護的）であるべき」（フレーベル 1964：18）と述べ、子どもに対して命令的・干渉的な積極的教育を自らの教育方法論から退ける。

　ルソー、ペスタロッチと同様にフレーベルもまた、「自然」との関係において教育のあり方を模索している。フレーベルは、「人間を取りまいている自然に内在し、自然の本質を形成し、自然のなかにつねに変わることなく現れている神的なもの、精神的なもの、永遠なものを、教育や教授は、人々の直観にもたらし、人々に認識させるべきであり、またそうでなければならない」（同上：15）と述べ、自然の秩序に従う教育を、自らの教育の理念の中心に位置づけている。

　フレーベルにおいて教育という営みは、徹頭徹尾、自然＝神との調和・一体化を目指すものとして措定される。フレーベル曰く、「教育は、人間が自己自身に関して、また自己自身において、自己を明確に認識し、自然と和し、神とひとつになるように、人間を導くべきであり、またそうでなければならない」（同上：15）。ここでは、自然＝神との関係において、人間が自らの存在について反省的に理解することが教育の目的とされている。

　このようにフレーベルにあっては、「人間をして、自己自身および人間を認識せしめ、さらに神および自然を認識せしめ、そしてかかる認識に基づいて、純粋神聖な生命を実現せしめるように、人間を高め」（同上：15）ていくことが、教育という営みの到達点であったのである。

4）デューイにおける教育の理念

　進歩主義教育の立役者とみなされるデューイにとって消極的（否定的）教育は、彼自身の教育理論のまさに根幹をなすものであったといえよう。

デューイは、「旧教育 Old Education」（＝積極的教育）と「新教育 New Education」（＝消極的〔否定的〕教育）との対立軸を鮮明に打ち出し、旧教育を以下のように批判する。

　　旧教育は、重力の中心が子どもの外部にあるということを述べることで、要約することができるだろう。その中心は、教師、教科書、その他どこであろうともかまわないが、とにかく子ども自身の直接の本能と活動以外のところにあるのである（デューイ 1998：96）。

　それでは、デューイは一体なぜ「旧教育」批判を展開したのだろうか。その論拠として、2点を指摘できる。第1に、「ルソー、ペスタロッチ、フレーベルの著作のなかにはっきりと表示されていた」事実、すなわち、「人間というもの、とくに幼い子どもたちは生来が活動的で好奇心に富んでいるということ」（ジャクソン 1998：30）を、旧教育が見逃してきたという点である。第2に、「生産の対象として世界的な市場が発展し、この市場に物資を供給するための一大製造工場の中心地が発達」するといった「産業上の変化」が生じ、人々の「生活習慣は、驚くべき速さで急転させられ、しかも徹底的に変更させられている」（デューイ 1998：65-66）が、旧教育ではこのような社会変動に対応することができないという点である。
　デューイは、自ら主唱する「新教育」について、以下のように述べる。

　　今日わたしたちの教育に到来しつつある変化は、重力の中心の移動にほかならない。（中略）このたびは子どもが太陽となり、その周囲を教育のさまざまな装置が回転することになる。子どもが中心となり、その周りに教育についての装置が組織されることになるのである（同上：96）。

しばしば、「教育のコペルニクス的転回」とも称されるこのデューイの言辞は、子ども中心主義の典拠のひとつともなっている。

　デューイにおいて、教育という営みの重心は徹底的に「子ども」に置かれており、そこでは教育とは、何かを教え込むのではなく、子ども自らが「経験」を絶えず「再構成」していくことを手助けするものとなる。「経験主義教育」と呼ばれるこの教育においては、子どもが実際に活動し、そこで得た経験を反省的に捉え直し再構成すること、つまり、「なすことによって学ぶ Learning by Doing」ことが重視される。デューイ曰く、「教育とは、経験の意味を増加させ、その後の進路を方向づける能力を高めるように経験を改造ないし再組織することである」（デューイ 1975：127）。

　このような経験の再構成の機会が子どもに提供されることで、子どもには特定の状況・環境の下で、主体的に判断し、柔軟に対応していく能力が培われていくことになるというわけである。子どもを教育という営みの中心に据えること、そして、子どもが活動を通じて自らの経験を再構成し、社会変動に対応できる存在へと導くこと、それがデューイにおける教育の理念なのである。

6　教育の理念とどう向き合うか

　これまでみてきたように、教育の理念はその時々の社会状況を反映して多様な形で語られてきたし、おそらく今、この瞬間にも、誰かがどこかで自らが理想とする教育のあり方について語っていることだろう。ここで意に留めておきたいのは、デュルケームがかつて、近代の教育学者を批判して、彼らが「教育なるものはただ一つしかなく、それは、人間の依存する歴史的、社会的諸条件のいかんにかかわらず、ひとりそれのみが、すべての人間に対して等しく適合する」ことを「自明の真理として措定」（デュルケーム 2010：15）していると喝破したように、教育の理念とは、教育の「当為」、すなわち、あるべき理想の教育のあり方をめぐって唯一絶対的な答

えを示すものではないということである。教育の理念をめぐる言説空間（語りの場）は、常に、理念の「正統性 Legitimacy」をめぐるアリーナ＝闘技場であり、そこではさまざまな人々が、自らの置かれた歴史的・社会的状況に照らしつつ、各々にとっての教育の理念を闘わせ続けていくのである。この意味において、教育の理念を語るということは、永遠に唯一絶対の答えに辿り着くことのない、いわば、終わりのない旅であるといえよう。どのような教育が理想的な教育でありうるのかをひとりの人間が独断できるほど、教育という営みは底の浅いものではない。教育という営みはあまりに深遠であり、その理解を容易には許してくれないのである。

　ところでルソーは、自らの教育論を展開するなかで、教育の不完全性あるいは限界をすでに看て取っていた。曰く、「教育はひとつの技術であるとしても、その成功はほとんど望みないと言っていい。そのために必要な協力はだれの自由にもならないからだ。慎重に考えてやってみてようやくできることは、いくらかでも目標に近づくことだ。目標に到達するには幸運に恵まれなければならない」（ルソー 1962：25）。

　教育学者田中智志もまた、教育という営みがしばしばその「当為」とする子どもの「内面性の操作」、すなわち、子どもの心を善い方向に導いていくことがそもそも可能であるのかと問い、以下のように述べる。

　　　あなたはたしかに努力しただろうが、事態のすべてをコントロールしたのではなく、思いもかけずうまくいったのではないか。この懐疑を全否定する教育者は、あまりにもナイーブであるといわざるをえない（田中 1999：22-23）。

　以上の言辞は、どれだけ熟慮し、周到に準備を重ねて子どもの教育に当たったとしても、教育の理念に完全に到達できるのは稀なことであり、せいぜい私たちにできるのは、教育の理念に近づくよう努力することだけで

ある、と解することができる。すなわち、「教育は『賭け』」なのであり、このことを教育という営みの原理のひとつとして指摘することができよう。

教育という営みを、常に失敗を前提とする、原理的に「結果の責任」を問いえない「賭け」として理解するということは——とりわけ「教育責任」が過剰に厳しく問われる現代の世情にあって——教育に携わる者にとっての免罪符あるいは福音ともなりえよう。しかし、そうであるがゆえにむしろ、教育に携わる私たちには、子どもに対してどれだけ真剣に賭けることができるかということが問われてくるのではないだろうか。

教育は「賭け」という営みであるからこそ、自ら批判吟味のうえ確立した教育の理念に基づいて子どもたちと真剣に向き合う「責任 Responsibility」があるのだということ——。この意味において、「教育責任」とは、教育に携わる者の失敗を責めるための概念などではない。そうではなくて、「教育責任」とは、教育が「賭け」であることを自認したうえで、目の前の子どもたちにかかわるその一瞬に「応答・できる能力 Response＋Ability」としての、教育に携わる者としての教育の理念を示唆する概念なのである。問われているのは、絶え間なく変容を続ける子どもたちの不可逆な「今、ここ」という現実を見据えつつ、子どもたちに真剣に賭けることができるかという、教育に携わる者の倫理的態度である。

7　別様であるための、変容し続けるための教育

今日、教育の機能を果たすことを制度的に期待された、唯一かつ絶対的ともいえる機関である学校において、子どもたちに対し、「革新性、個性的独自性、主体的創造性、理念的批判性」が十全に育まれているかといえば、それははなはだ心許ないといわざるをえないだろう（山村 1973）。

とはいえ、教育に閉塞感をもたらしているのは、学校や教員の責任であるとはいえない。むしろ、資本主義体制への子どもたちの従属を促す「社会化」機能の肥大化状況こそが問い直されなければならない。本章で取り

上げたルソー、ペスタロッチ、フレーベル、デューイは、知識・スキルの教え込みを是とする「注入主義」の教育とは対置される「開発主義」の教育を理念化してきた。この開発主義という教育の理念は、今日、学校教育の現場において称揚される「生きる力」を育むことや「主体的・対話的で深い学び」の思想的土台となり、陰に陽に教育実践のあり方を枠づけている。しかしながら、学習指導要領に見え隠れする（資本主義体制にとって）「有用な人材を育むこと」が支配的な教育の理念として学校教育の現場を覆っている今日では、開発主義の教育という営み、あるいは教育の理念もまた、いとも容易く資本主義の論理に回収され、現代においてはとりわけ、新自由主義に適合的な労働者の再生産に加担することへと帰結してしまう。

　私たちに問われているのは、理系・工学系人材の育成を図る STEM 教育の称揚に象徴されるような、国際競争力を高めるための「有用化」に傾斜した「教育」から離れた、別様の教育という営みを実現することができるかどうかということである。そのさい、「自己利益を増やすための教育」とは対置される「倫理的に自由な生によりそう教育」（田中 2009：21）という視点は、今日の「教育」のあり方を問い直していくさいに有用であろう。生産性を上昇させるための人間の労働力化が「教育」を圧倒的に侵食している今日的状況を相対化すること、そして、この社会に生きる一人ひとりが絶えず新たな存在へと変容し続けることが許される自由を追い求めることもまた、今日の教育の理念のひとつの形たりえないだろうか。

探してみようキーワード
生理的早産　タブラ・ラサ　存在と当為　社会化　進歩主義教育　伝統的教育　開発主義　消極的（否定的）教育　陶冶　積極的教育　経験主義教育　注入主義　新自由主義　STEM 教育

引用文献

アリエス，P.（杉山光信・杉山恵美子訳）1980『〈子供〉の誕生——アンシァン・レジーム期の子供と家族生活』みすず書房。

アリエス，P.（中内敏夫・森田伸子訳）1983『〈教育〉の誕生』新評論。

イリッチ，I.（東洋・小澤周三訳）1977『脱学校の社会』東京創元社。

ジャクソン，P.（市村尚久訳）1998「編者による序論」『学校と社会・子どもとカリキュラム』講談社（講談社学術文庫）、13-54頁。

田中智志 1999「言説としてのペダゴジー——分析の対象と方法」、田中智志編著『ペダゴジーの誕生——アメリカにおける教育の言説とテクノロジー』多賀出版、3-38頁。

田中智志 2009『教育思想のフーコー——教育を支える関係性』勁草書房。

田中真秀・山中信幸・藤井瞳 2020「教育理念と教育の基本的概念の検討——教育家の思想の類型化」『川崎医療福祉学会誌』Vol. 30, No. 1, 335-342頁。

デューイ，J.（松野安男訳）1975『民主主義と教育　上』岩波書店（岩波文庫）。

デューイ，J.（市村尚久訳）1998『学校と社会・子どもとカリキュラム』講談社（講談社学術文庫）。

デューイ，J.（市村尚久訳）2004『経験と教育』講談社（講談社学術文庫）。

デュルケーム，É.（佐々木交賢訳）1976『教育と社会学』誠信書房。

デュルケーム，É.（麻生誠・山村健訳）2010『道徳教育論』講談社（講談社学術文庫）。

寺山修司 1993「ほんとうの教育者」『新・書を捨てよ、町へ出よう』河出書房新社（河出文庫）、131-134頁。

中内敏夫 1990「〈教育〉の誕生——その後」、第1巻編集委員会編『叢書　産む・育てる・教える　第1巻　教育——誕生と終焉』藤原書店、8-19頁。

フレイレ，P.・イリイチ，I.（角南和宏訳）1980『対話——教育を超えて』野草社。

フレーベル，F. W. A.（荒井武訳）1964『人間の教育』岩波書店（岩波文庫）。

ペスタロッチ，J. H.（長田新訳）1993『隠者の夕暮・シュタンツだより』岩波書店（岩波文庫）。

ポルトマン，A.（高木正孝訳）1961『人間はどこまで動物か——新しい人間像のために』岩波書店（岩波新書）。

森重雄 1993『モダンのアンスタンス——教育のアルケオロジー』ハーベスト社。

山村賢明 1973「社会化研究の理論的諸問題」、日本教育社会学会編『教育社会学の基本問題』東洋館出版社、92-111頁。

ルソー，J.-J.（今野一雄訳）1962『エミール　上』岩波書店（岩波文庫）。

ロック，J.（大槻春彦訳）1972『人間知性論1』岩波書店（岩波文庫）。

さらなる学修のために ━━━━━━━

広田照幸 2015『教育は何をなすべきか──能力・職業・市民』岩波書店。

　能力による選抜は公正なのか、職業のための教育は妥当なのかなど、教育という営みをめぐる常識を問い直す、刺激的な論稿集。

小松光・ラプリー，J. 2021『日本の教育はダメじゃない──国際比較データで問いなおす』筑摩書房（ちくま新書）。

　否定的に語られる日本の学校教育は、果たしてほんとうに問題ありなのか。本書は、データの冷静な読み取りから新たな視座を提供する。

小針誠 2018『アクティブラーニング──学校教育の理想と現実』講談社（講談社現代新書）。

　学校教育における主体的・協働的・連携的な学びの歴史をひも解き、その現代的形態「アクティブラーニング」の是非を検討している。

━━━━━━━

日本における教育の思想と歴史（1）
——第二次世界大戦終了まで

本章のつかみ

　本章では日本における学校教育の歴史を論じ、各時代の教育の背景となった理念を扱う。まずは近代に至るまでの教育の概要にふれたうえで、明治期以降に成立した近代公教育制度の成立と展開について概観する。

1　古代・中世・近世の教育

1）古代の教育

　人間が記号や文字をもつようになると、教育は文字を媒体として行われるようになり、飛躍的な発展を遂げた。この発達は同時に多人数への教育を可能にし、やがて制度としての教育が誕生していく。古代の日本は東アジア世界にあって、中国大陸の文化を受容することで発展したため、律令国家を運営していく人材の養成が必要になった。

　古代の学校の始まりは大学寮にみることができる。701 年に、古代で最も総合的な内容をもった大規模の国法が完成した。大宝年間の制定であり、世にこれを「大宝律令」と称した。これにより、大化の改新以来の中央集権国家体制が完成した。「大宝律令」には「学令」として 22 ヶ条にわたる詳細な学校制度が成立し、都に大学寮 1 校、地方の各国に国学 1 校を置くことが定められた（五味 2021：5-6）。

　大学寮の入学資格者は官位をもつ貴族、もしくは郡司の子弟と定められ、その年齢は 13 歳以上 16 歳以下であった。本科に当たる経学の教科書は

『孝経』『論語』が必修であり、『周易』『尚書』『周礼』『儀礼』『礼記』『毛詩』『春秋左氏伝』のうち2、3または5経を選択して学んだ。書博士が書を、音博士が漢音の素読を教え、助教が経学を教授した。大学寮では応挙試（卒業試験）に及第すると、国家試験を受けて叙任、任官した（同上：5-6）。

　国学は郡司の子弟を原則的な入学資格者とし、年齢は大学寮と同じく13歳以上16歳以下とし、設置される国の等級に応じて定員が設定された（同上：6）。国学の卒業生は官吏に推挙されたと考えられるが、各学校の教育実態は十分に明らかになってはいない。このほかに、大宰府にも官吏養成学校として府学が置かれている（久木 1990：239）。貴族社会における人材登用の仕組みについては世襲原理もあり、律令制が衰退する10世紀後半になると大学寮や国学の機能も衰退していった。

　平安時代に入ると、荘園制によって財力を増した貴族階級が勢力を広げ、独自の政治機構や文化を形成していった。有力な貴族は一門の子弟を教育するため、大学寮やその周辺に寄宿舎・学習舎としての機能を兼ねた私学（大学別曹）を盛んに設けた。代表的な私学には、橘氏の学館院、在原氏の奨学院、藤原氏の勧学院がある。

　上述の大学寮、国学、私学はいずれも貴族階級の教育機関であった。これに対して、828年頃に空海が創設したといわれる綜芸種智院は一般庶民の教育を意図していた。空海は同年に『綜芸種智院式并序』を著し、教育機関として綜芸種智院を開設したとされる。綜芸種智院は儒教・仏教・道教などの思想・学芸を網羅する総合的教育機関として運営される方針であった。綜芸種智院は空海死後の経済的困窮により845年に廃止されたといわれる（五味 2021：9-10）が、その運営実態については不明である。

2）中世の教育

　中世に入ると古代の律令国家は崩壊し、武士階級が台頭して政権を担うようになる。中世とは12世紀から16世紀の鎌倉・室町・戦国時代をいう。鎌倉時代は官立の大学寮や国学が解消され、制度による以外の教育が盛ん

になった時代である。古代の文化の形成者が貴族中心であったのに対して、中世の文化の担い手はより幅広い階級・階層へと移っていった。

　武士は戦闘者であるとともに行政者でもあった。武士にとっては「弓馬の芸」として乗馬や騎射などの戦闘訓練が必要な技能であったが、相応の政治的地位も「家業」であった（鈴木編 2022：51）。そのため、官職や役職について行政文書に携わる武士には読み書きの技能も求められた。武士の文字習得には、寺院に出入りして学ぶ場合や、文字学習のための教科書である「往来物」を用いる場合などがあった。

　中世を代表する教育の場として、足利学校が挙げられる。足利学校は下野国足利にあり、設立については諸説あるが、14 世紀末から 15 世紀はじめに創設されたと考えられている。足利学校に上杉憲実が関与したことはよく知られており、1439 年に漢籍を寄付して文献の充実を図るとともに、円覚寺の快元を初代庠主（校長）に招聘した。また、1446 年には校規 3 ヶ条を定めて教育内容を整理し、それまで仏教学と儒学が柔軟に学べたものが儒学に限定された。なお、戦国時代に入ると儒学を中心に易学、兵学、天文学、医学などの実学も重視された（佐藤監修 2019：18-19）。足利学校は江戸時代を経て 1872 年まで存続した。

　仏教伝来以来、寺院は一種の学問所としての機能を果たしてきた。これらは古代においては僧侶養成の教育に終始していたが、中世に入ると俗人の一般子弟にも読み書きを伝授するようになった。14 世紀はじめに禅僧によって宋学が伝えられ、南禅寺を上格寺院と定めた京都五山（天竜寺、相国寺、建仁寺、東福寺、万寿寺）や鎌倉五山（建長寺、円覚寺、寿福寺、浄智寺、浄妙寺）が成立した。この五山の禅僧によって漢詩文を中心とする五山文学が興り、教育が盛んに行われた。また、比叡山延暦寺は日本仏教の教育研究の拠点であり、鎌倉新仏教を担った代表的な僧侶を輩出する寺院学校の役割を果たした。なお、室町時代にキリスト教が伝わり、イエズス会による布教が行われるなかで、初等学校、セミナリヨ（研修所）、コレジョ（専門学

校）等の学校も設置されている（同上：21-22）。

　文庫については、古代には貴族によって開かれていたが、鎌倉時代には
時代の代表的階級たる武士によって開かれるようになった。なかでも今日
に残る代表的な武家文庫が金沢文庫である。設立については足利学校同様
に諸説あるが、鎌倉幕府の執権の補佐を務めた北条実時によって設立され
たとされる（同上：20）。実時は好学の武士で儒学を学び、多くの書を収集・
書写した。これらは晩年に武蔵国金沢の邸宅に移されて文庫の基礎となり、
金沢文庫として称名寺に継承されたと考えられる。ここでは来学する者の
文庫の閲覧、筆写を認め、いわゆる図書館の役割を果たしていたが、広く
公開された機関ではなかったとされている。

　中世の芸術教育論としては、世阿弥が1400年から著したとされる『風姿
花伝』が挙げられる。そこには当時としては詳細な年齢区分と子どもの発
達段階に応じた稽古の方法が示されており、発達段階への着目と学習・訓
練の重視をうかがうことができる。『風姿花伝』は彼の父である観阿弥の
教えに基づき家伝の書として記述されたもので、芸の継承は武士の家の継
承と同様に一子相伝の書とされ（世阿弥 1958：113）、その奥義は継承者以外
にみせることは許されないものであった。

3）近世の教育

　近世の教育の特徴は、武士や庶民のために種々の教育機関が設けられ、
発達したことである。本項で扱う近世とは、徳川家康が征夷大将軍に任じ
られ江戸に幕府を開いた1603年頃から、廃藩置県が行われた1871年頃ま
でを指す。徳川政権が1615年の大坂夏の陣で豊臣氏を滅亡させて幕藩体
制を確立すると、江戸幕府によって200年を超える長い期間において国内
治安が安定し、社会秩序が維持された。この治安を維持し政権を安定させ
るために、幕府は学問の興隆に努めた。

　初代将軍家康は藤原惺窩や林羅山ら儒学者を招いて儒学を重んじ、2代
将軍秀忠は「武家諸法度」を制定して文武兼備の理想を掲げ、諸大名や旗

本に武道とともに学問の重視を求めた。これを受け、幕府の直轄の学校として昌平坂学問所（昌平黌）が、諸藩の学校として藩校（藩学）が設けられるなど、制度としての教育が発達した。江戸幕府が最も重用した藤原惺窩や林羅山をはじめとする学者は、南宋の時代に朱熹が起こした儒学の一派である朱子学者であった。朱子学の考えは、江戸時代を通じて社会秩序や人間存在の意味と価値について、重要な判断基準を示すこととなった。

　昌平坂学問所は、幕府直参の家臣である旗本や御家人の子弟を教育するための学校として整備された。その起源は1630年に林羅山が上野忍岡に設立した家塾であり、後に聖廟（孔子廟）が寄進された。これらは5代将軍綱吉の意向により神田湯島に移され規模が拡大し、さらに後、昌平坂へ移された。1790年に松平定信によって異学の禁令（寛政異学の禁）が発せられると、朱子学中心の教育の下で人道的人物の陶冶が教育目的に掲げられ、人材が育成された。1797年には幕府が直接昌平坂学問所の管理に乗り出し、直轄の学校となった。

　藩校は藩士およびその子弟の教育のために、諸藩が設立した学校である。その設立背景はさまざまであるが、近世後半に入り設立する例が飛躍的に増えている。その理由としては、財政再建を中心とする藩政改革のために有能な人材を育成する必要が生じたことが挙げられる。教育内容は、江戸時代前期においては漢学が中心であったが、後期に入り幕末が近づくにつれて、算術、医学、洋学、国学などが導入されていった。

　昌平坂学問所や藩校における武士の教育は、幕府や諸藩によって用意されたものであり、身分制、階級制の性格を強く有すると同時に人材育成の性格も有していた。武士の教育が整備される一方で、庶民教育が発達したのも近世の特徴である。その背景には、庶民のなかで教育を受ける者が増加し、そのための施設や教材などが整備されたことが挙げられる。近世社会では城下町を中心とした都市的な消費生活が発展し、興隆した商品貨幣経済は江戸時代中期から後期にかけて農村を含む全国に拡大した。貨幣経

済の普及は読み書き算の知識・技能をはじめとする基礎的・初歩的な文字や計算の学習に対する需要を生み、町人を中心に庶民の教育が広まった。

　江戸時代の代表的な庶民の教育機関としては、寺子屋（手習所）が挙げられる。寺子屋は近世庶民の間に生まれた私立の初等教育機関である。近世以降、庶民教育の需要の高まりとともに寺子屋は自然発生的に成立・普及し、8代将軍吉宗の奨励政策によってその数は増加した。吉宗は寺子屋の教材として庶民生活の心得を示した『六諭衍義大意』を普及させた（五味 2021：60-61）。

　寺子屋は教師である寺子屋師匠が生徒である寺子を教える形態を取り、その多くは手習いを中心とする読み書き算の指導を行った。特に、文字を書く作業を基本にしつつ書きながら読みや意味を習得するという「手習い」の学習方法が行われたことから、寺子屋を「手習い塾」と呼ぶ例もある。手習いの教材としては、手紙をはじめさまざまな書物などを手本とした「往来物」が用いられた。寺子屋師匠は武士、僧侶、神官、医者、庶民などのうち、多少の学識がある者が、関心や必要に応じて務めた。また、寺子は男女とも多くは6、7歳から4、5年間学び、社会に出た。

　近世における特徴的な教育機関として、私塾と郷学についても述べておきたい。近世の私塾は、一定の読み書き能力を備えた者が、塾主の学問や人格を慕って入学する自由な学び舎である。藩校が地域や身分の制約を有していたのに対し、私塾は地域と身分を超えて学ぶ意欲のある者すべてに開放され、漢学塾、洋学塾などさまざまな種類があった。漢学塾は私塾のなかでも最も数が多く、著名なものとして近世前期には中江藤樹の藤樹書院、伊藤仁斎の古義堂、荻生徂徠の蘐園塾などがあり、近世後期には広瀬淡窓の咸宜園、吉田松陰の松下村塾などがある。洋学塾は幕末に入ってその数を増やし、P. シーボルト（Siebold, Philipp Franz Balthasar von 1796-1866）の鳴滝塾、緒方洪庵の適塾などが代表的である。郷学は都市部から離れた郷村に設けられた学校であり、藩校の分校として武士の教育のために設け

られたものと、庶民が寺子屋以上の教養を身につけるために藩や民間有志によって設立されたものがある。代表的な郷学としては、岡山藩主池田光政が設立した閑谷学校が挙げられる。

2　明治期の教育

1）明治前期の教育

　前近代の特徴は封建社会と位置づけられる。江戸時代を通じて幕府の下に封建的な支配秩序が維持され、教育体系は身分によって相違していたうえに、すべての国民がそのような教育の機会に恵まれていたわけではなかった。これに対して明治維新後の新しい政治秩序の下では、四民平等を標榜する改革が、教育を含めたあらゆる分野で進められていった。また、明治維新後の新政府は国力を増強するために、欧米先進諸国の学術や文化を積極的に摂取するという方針を明確にし、近代的国家を目指した新しい体制の整備を急務とした。本節では明治時代を2期に分け、大日本帝国憲法が制定されるまでの期間を前期とし、それ以降を後期として論じたい。

　明治新政府の基本政策は明治天皇の名において1868年に布達された詔書である「五箇条の誓文」からうかがうことができる。詔書の項目中には「智識ヲ世界ニ求メ大ニ皇基ヲ振起スヘシ」（文部省編 1972：7）という文言があり、これにより先進諸国に倣った近代化がその後の文教政策に貫かれることとなった。また、1871年の廃藩置県によって封建制が解体され、時代が近世から近代に移行するが、同年に政府は文部省を設立して近代的な教育制度創設のための準備に着手した。

　1872年8月にわが国初の近代公教育制度である「学制」が制定された。「学制」は欧米の教育制度を参考にしながら起草されたものであり、基本的性格は頒布のさいの太政官布告「被仰出書」に述べられている。その書き出しには「人々自ら其身を立て其産を治め其業を昌にして以て其生を遂るゆゑんのものは他なし身を修め智を開き才芸を長ずるによるなり」（同

上：11）とあり、学問の修得こそが立身、治産、昌業の要諦であるとされている。続いて、身分、職業、貧富、男女を問わず学問を身につけることの重要性が述べられており、「高上の学」はともかくとして、「幼童の子弟は男女の別なく小学に従事せしめ」（同上：11）るよう強調している。ここに明示された立身主義的、実利主義的、四民平等的学問観は、それまでの儒教思想に基づくものとは大きく異なっており、欧米の近代思想の影響を強く認めることができる。その全文は巻末資料のとおりである。

　学制は当初、全国を8つの大学区に分けることとし、1つの大学区を32の中学区に分け、さらに1つの中学区をそれぞれ210の小学区に分けることとした。また、大学区、中学区、小学区にはそれぞれ大学校、中学校、小学校を置き、すべての国民に開放することとした。全国の教育行政は文部省が担うとともに、各大学区に督学局を、各中学区に学区取締を置くこととした。

　西洋では近代国民国家の誕生に伴い、義務制、無償制、世俗性を原則とする近代公教育制度が成立し、教育は私事として家庭で営まれるものから社会的制度として学校で営まれるものへと転換された。近代において学校を営む共同体の単位は国家であり、学校教育制度は国民教育制度として形成され、その内容や方法が整備された。それゆえ、国民のすべてを対象とする普通教育が構想され、教育は国民に対する国家の責務として提供されるようになった。日本でも「学制」の制定によって近代公教育制度へ道が整えられた。

　1873年、「学制」は全国で実施され、小学校の設立にまず力を注ぎ、上級の学校はその後整備することとなった。日本の小学校は戦前戦後を通じて全国で2万校前後の数を維持したが、早くも学制公布の3年後にはこの水準に達した。しかし、5万を超える小学区の計画と比較すると小学校設置は当初の規定の半数にも満たなかったことから、法制と現実の乖離が著しかったと考えられる。教育内容についても欧米の近代教育の内容を翻訳

で直接導入したものが多く、一般民衆の日常生活からは遊離したものがあった。このため、就学率はしばらく 50 ％程度の状態が続いた。

　なお、「学制」と同じ 1872 年には東京に師範学校が設置され、アメリカから外国人教師として M. M. スコット（Scott, Marion McCarrell 1843–1922）が採用された。その役割は小学校での教授方法の伝授であり、師範学校の卒業生が後に各地の師範学校の教員となって新しい教授方法を伝えている。

　欧米の教育制度を適用しようとした「学制」が数年を経ずして実施上の困難を露呈した原因は、上述した教育内容と国民生活の遊離のほかにも、国民の近代教育に対する意欲の低さ、膨大な教育費を国民の経済力に委ねたことなどが考えられる。さらに当時は地租改正、徴兵令、太陽暦の採用など相次ぐ社会生活上の改変が進められており、自由民権運動の高まりもあって、国民の重層的な不安感、不満が学校教育に対する不信を増幅させていた。このような民衆感情は、当時の学校に対する打ちこわしや子どもの不就学といった行動に表れている。

　こうした状況を是正するために、1879 年 9 月に「学制」に代わる「教育令」が公布された。この「教育令」は「自由教育令」ともいわれ、当時の文部省の実質的責任者であった田中不二麿（1845–1909）の渡米に基づいてアメリカの自由主義的・地方分権的教育制度を取り入れたものであった。「教育令」は内務卿伊藤博文（1841–1909）の尽力と、文部省に学監として招かれていた D. マレー（Murray, David 1830–1905）の助言を得て起草された。

　具体的には、「教育令」によって就学期間が短縮（学制の 8 年間を 4 年間とし、毎年 4 ヶ月以上とした）され、就学義務の緩和、私立学校の設置の自由化（届出制）などが図られた。さらに、人工的に地域を区分していた学区に代えて町村が小学校を設置することとし、従来の任命制であった学区取締を廃して町村人民による公選制の学務委員が設置された。これにより、住民の代表が学校の設置運営に当たることが可能となった。教育内容にも地方の実情を反映することなどが盛り込まれた。「教育令」は地域の実情に即

した学校の設置や就学の形態を多様に認めるものであった。しかし、この地方分権的な方針が結果として小学校の設置や就学の不振につながったこともあり、「教育令」は制定後1年余りで改正されることとなった。

　改正の要素のひとつとして、国民教育である小学校教育の実施方策に関する方針の転換がある。この時期に至るまでは教育によって日本を近代化するという開化路線と、その手段としての知育を中心とした教育が堅持されていたが、この時期に入ると天皇崇拝の情を内面化させる道徳的教化を重視する徳育が主張されるようになった。

　「教育令」発令の前年である1878年の夏から秋にかけて、明治天皇が各地を視察し、そのさいの学校教育の実情についての意向を侍講元田永孚(1818-1891) にまとめさせた。そして、1879年8月、「教学大旨」および「小学条目二件」からなる「教学聖旨」が政府に伝えられた。「教学大旨」は「学制」にみられる開化主義を批判し、今後は「祖宗ノ訓典ニ基ツキ、専ラ仁義忠孝ヲ明カニシ道徳ノ学ハ孔子ヲ主ト」(同上:7) すべきであり、それを根本として知識才芸を身につけるべきであることを主張した。この「教学聖旨」を発端とし、維新以来の開化路線を擁護する内務卿伊藤博文の「教育議」、さらには伊藤の論に反論する元田の「教育議付議」が出され、徳育をめぐる論争に発展した。これらの論点は1880年に布告された「教育令」の改正 (以下、1880年の改正を「改正教育令」と記す) のなかに反映されることとなった。

　「改正教育令」は文部卿河野敏鎌 (1844-1895) による改革案をもとに布告され、就学促進のために義務年限の最短を3年とし、以後の5年間も相当の理由がある場合を除き就学させなくてはならないことが定められた。授業時数も年32週以上、1日3時間以上とし、就学の条件を強化した。学務委員の公選制もあらためられ、地方官の任命制とし、学校設置や教則にも統制が入ることとなった。教育内容は基本的に「教育令」と変わらないものであったが、修身が小学校の科目の最上位に位置づけられ、修身の配当

時間数も増加した。

「改正教育令」が出された背景としては、先述した教育現場の混乱に加え、自由民権運動の高まりに対する政府側の対応策のひとつとして道徳を中心とした教育統制の重要性が認識されてきたことも考えられる。「改正教育令」においては、自由主義的、地方分権的性格は排斥され、就学の義務の強化をはじめ教育内容の大幅な改訂が行われて、中央集権的性格が強められた。さらに、同1880年には教科書の調査、統制が開始され、翌1881年に教科書の指定や変更に関しては文部省へ届け出ることが必要となった。

なお、「改正教育令」は師範学校の設置を各府県に義務づけており、1881年には「師範学校教則大綱」が制定された。これにより、小学校初等科の教員を養成する初等師範学校、小学校初等科と中等科の教員を養成する中等師範学校、小学校初等科から高等科までの教員を養成する高等師範学校といった師範学校の段階が制定された。

この後、1885年には「教育令」の再改正が行われ、経費節減に伴う学務委員の廃止などが定められたほか、再改正後にはそれまで任意であった授業料の徴収を原則化することが明示された。

「改正教育令」以降、文部省は国民教育への積極的姿勢を示し、教員の資質や能力について言及した「小学校教員心得」や各教科の目的と内容を規定するための「小学校教則綱領」などを相次いで定めた。しかし、国家財政上の困難や不安定な政局、また経済不況、農村における干ばつ被害などの障害もあって成果は乏しかった。そのため、1882年に男女平均で50％を超えていた就学率は1887年には45％にまで低下した。

こうしたなかで1885年に太政官制が廃止されて内閣制が布かれると、初代総理大臣伊藤博文は初代文部大臣として森有礼 (1847-1889) を選んだ。森は直接的なリーダーシップを発揮して、翌1886年に教育制度全般にわたる改革を目的とした諸学校令、すなわち「小学校令」「中学校令」「帝国大学令」「師範学校令」と「諸学校通則」を公布した。

諸学校令の特徴は、それまで個別に発展してきた小学校・中学校・師範学校の3者を尋常および高等の2段階に分けて組織する方針を取り、帝国大学の下に編成したことにある。これにより、「学制」以来の学校教育制度が再編成され、今日に至るわが国の近代教育制度の基礎的な枠組みがつくられることとなった。

　義務教育については、その規定を明確にし、尋常小学校卒業までの就学を義務と定めた。「小学校令」によって尋常小学校4年、高等小学校4年に区分されたが、地方によっては実施が困難であることを考慮し、修業年限3年以内の小学簡易科を設置して尋常小学校に代用することを認めた。

　「中学校令」では尋常中学校5年、高等中学校2年を定めており、尋常中学校へは高等小学校第2学年終了段階の12歳で入学することとされた。日本における近代的な学校制度の導入は、はじめに高級官僚・技術者養成機関としての大学、続いて「国民皆学」を理念とする小学校において行われ、明治初期の実態としては両者が相互に無関係のまま発達を遂げてきた。両者の中間に当たる中等教育機関は、この当時の「中学校令」によってはじめて具体的な法令に規定されたといえる。

　「師範学校令」の第1条には、「生徒ヲシテ順良信愛威重ノ気質ヲ備ヘシムルコトニ注目スヘキモノトス」（米田編著 2009：558）と示されている。この「順良」「信愛」「威重」とは、森有礼が教員に求めた3気質であり、当初は「従順」「友情」「威儀」と示されていた。これらは、秩序や権威に対する従順さ、人間関係における信愛、生徒に対する威厳といった気質を示している。また、師範学校は全寮制が採用され、授業料は原則無料で学資の支給も行われた。さらに、男子生徒に対しては陸軍式の歩兵操練をモデルとした兵式体操が重視され、国家社会に奉仕する人物の養成が図られた。

　大学については「帝国大学令」の第1条によって「国家ノ須要ニ応スル学術技芸ヲ教授シ及其蘊奥ヲ攷究スル」（同上：440）という目的が示された。これにより、それまで文部省管轄であった東京大学は帝国大学とあらため

られ、法科・医科・工科・文科・理科の5分科大学として発足した。帝国大学には、当初7校設置された高等中学校の卒業生は無試験で入学することが認められていた。

2）明治後期の教育

　森有礼による教育政策は、大きな改革を牽引した半面で、従来からの徳育論争を活発化させ、教育現場の混乱を招いてきた。この混乱を収拾し、国の教育の根本方針を示すため、1890年に「教育ニ関スル勅語」(以下、「教育勅語」) が出された。この前年に当たる1889年に「大日本帝国憲法」が制定されたことで帝国議会が開設され、市制、町村制、府県制、郡制といった地方制度も整備されて近代国家としての体制が整っていった。しかし、「大日本帝国憲法」は、教育についての独立条規を欠いており、教育方針とりわけ徳育方針の確立が急務であった。

　「教育勅語」成立の直接の契機となったのは、1890年2月の地方長官会議における「徳育涵養ノ義ニ付建議」であった。そして、同年5月に文部大臣に就任した芳川顕正 (1842-1920) のもとで「教育勅語」の起草作業が進められた。起草に当たっては芳川のほか、山県有朋 (1838-1922) (総理大臣)、井上毅 (1844-1895) (法制局長官)、元田永孚 (枢密顧問官) らが深くかかわり、幾度かの修正を経て最終文案が成立し、同年10月に勅語の形式で芳川に下賜された。

　「教育勅語」の内容は3つの部分から構成されている。まず第1段では統治者としての天皇とこれに忠義を尽くす臣民からなる日本の国体が「教育ノ淵源」と述べられている。次に臣民の守るべき徳目として「父母ニ孝ニ」から「国法ニ遵ヒ」まで14項目が列挙されており、その実践を通じて「皇運ヲ扶翼」することが強調されている。そして最後の段では、この道徳は「皇祖皇宗ノ遺訓」であり、普遍的真理として天皇が臣民とともに守っていくことが宣言されている (同上：47)。文部省は「教育勅語」の謄本を全国の学校に配布し、学校の祝日大祭日など適宜に生徒を集め、それ

を奉読し、内容を解説すべきことを求めた。こうして「教育勅語」がその後の道徳教育や国民教育に大きな影響をもつようになった。

「教育勅語」によって日本の教育方針が確立されると、森有礼による「小学校令」は廃止され、新たに発令された第二次「小学校令」によって国民教育の具体的目標が補完された。ここではじめて、「小学校ハ児童身体ノ発達ニ留意シテ道徳教育及国民教育ノ基礎並其ノ生活ニ必須ナル普通ノ知識技能ヲ授クルヲ以テ本旨トス」（同上：190）と小学校の目的が明文化され、国民教育としての小学校が明確に位置づけられた。この第二次「小学校令」も1900年に全面改正され、小学校は4年間の尋常小学校と2年間の高等小学校に整理された。また、それまでの授業料徴収の原則を廃止し、義務教育では徴収しないこととした。これにより、4年制の単一な内容から成り、無償性を原則とする義務教育制度が確立していった。さらに、1907年に行われた「小学校令」の一部改正では、尋常小学校の就業年限を4年間から6年間にあらため、義務教育年限も6年間に延長した。なお、1903年の「小学校令」の一部改正によって、それまでの検定教科書制度があらためられ、国定教科書制度となった。

中等教育については、1894年に出された「高等学校令」によって高等中学校が専門教育の機関である「高等学校」に変じることが発せられ、その第2条で「高等学校ハ専門学科ヲ教授スル所トス但帝国大学ニ入学スル者ノ為メ予科ヲ設クルコトヲ得」（同上：486）と示された。これにより、高等学校は専門教育もしくは大学予備教育を行うことが定められた。さらに、1899年には「中学校令」の第1条に「中学校ハ男子ニ須要ナル高等普通教育ヲ為スヲ以テ目的トス」（同上：306）と示され、中学校設置を義務づけ就業年限を5年とした。

「師範学校令」は1897年に廃止され、新たに「師範教育令」が制定された。これにより、師範学校は高等師範学校、女子高等師範学校、師範学校に分けられ、高等師範学校と女子高等師範学校は東京に各1校を置くこと

が示された。また、師範学校を県に2校以上設置する場合は、女子の数によっては男女別に設置する訓令が出されたため、以降は女子師範学校が独立するようになった。

大学については、1897年に京都帝国大学が設置され、それまでの帝国大学は東京帝国大学と名前をあらためた。1907年には仙台に東北帝国大学が、1911年には福岡に九州帝国大学が設置され、明治末年までに帝国大学は4校になった。一方で、私立専門学校のなかで「大学」を名乗る学校が増加したが、1903年の「専門学校令」の公布によって、これらは「高等ノ学術技芸ヲ教授スル学校」（同上：470）と規定された専門学校に位置づけられた。

3　大正期・昭和戦前期の教育

1）大正期の教育

大正時代から昭和の初期にかけて、日本は第一次世界大戦を経験するとともに、産業革命の進展や大正デモクラシーによって社会国家体制を変動させる転換期に直面した。第一次世界大戦で戦勝国側に加わった日本は、産業・経済面における飛躍的な発展期にあり、国際連盟の一員として国際社会でも重要な地位を固めつつあった。思想面においては、大戦後のデモクラシーの世界的気運のなかで日本も欧米諸国の民主主義的諸思想を受容し、それらが教育の政策や実践に大きな影響をもたらした。特に、明治末期からみられた児童中心主義的諸思想の流入によって、新教育（New Education）の教育運動の萌芽がみられることがこの時期の特徴である。

1921年には、東京高等師範学校に多数の教育者を招いて行われた講演が、翌年『八大教育主張』にまとめられて公刊されるなど、新たな教育論が脚光を浴びた（橋本・田中編著 2015：165）。また、同時期には児童中心主義の教育思潮を実現するために私立学校を中心に教育実践が展開されている。沢柳政太郎（1865-1927）（成城小学校）、赤井米吉（1887-1974）（明星学園）、野口援太郎（1868-1941）（池袋児童の村小学校）、中村春二（1877-1924）（成蹊実務学校）、

羽仁もと子（1873-1957）（自由学園）、小原国芳（1887-1977）（玉川学園）など多くの教育実践家が新教育運動を展開した。

　一方、明治維新から半世紀以上が経過し、「学制」以来整備されてきた諸々の教育制度の見直しが必要であると指摘されるようになった。このことから、1917年9月には内閣に臨時教育会議が設けられ、上記の教育制度の見直しに加えて、大戦後の新しい時代に対応した教育の諸方策の検討が試みられた。例えば、1917年12月の第2回目の答申の第1項は、小学校教育の根本方針として、①国民道徳教育を徹底し、児童の道徳的観念を強固にすること、②身体の健全な発達を図ること、③知識・技能の教授において記憶よりも児童の理解と応用を主とすること、④施設や教育の方法において画一性を避け、地方の実情を考慮すること、の4点を支援しており、そこには社会思想、運動に対する警戒（①）や、戦時における体力の重要性といった社会的状況からの要請（②）と、明治以来の教育のあり方の反省（③、④）もみられる。

　臨時教育会議の答申によって「市町村義務教育費国庫負担法」や「大学令」「高等学校令」「高等女学校令」「中学校令」「幼稚園令」が発令された。これにより初等、中等、高等教育が改訂・整備された。これらの一例として、従来の3年制の高等学校に加えて、尋常・高等合わせて7年制の高等学校課程に基づく高等学校も誕生している。また、大学については、それまで専門学校に位置づけられていた私立学校の一部が私立大学に昇格した。一方で、国内の社会運動の盛り上がりに対抗するために、兵式体操の振興や国民道徳教育の強化なども審議された。1919年に臨時教育会議は廃止されたが、同会議の答申を実施に移すための細案について審議するため、新たに臨時教育委員会が設置された。

　さらに、この後も教育に関する審議会が継続して設置されることとなる。まず、1921年には、内閣総理大臣の監督の下で臨時教育行政調査会が設置され、普通教育に関する施設と教育費や、その他の教育行政に関する事項

を調査審議した。臨時教育行政調査会は内閣総理大臣の諮問に応じて意見を開申し、関係各大臣に建議することができるものと定められていた（米田編著 2009：135）。また、1924年には内閣総理大臣の諮問機関として文政審議会が設置され、「国民精神の作興」「教育の方針」「その他文政に関する重要事項」を調査審議し、その審議結果を内閣総理大臣に建議する権限を有した（同上：135）。文政審議会は1935年に廃止されるまで、同様の権限をもって存続した。

この文政審議会の審議を経て1926年に「青年訓練所令」および「青年訓練所規程」が公布され、小学校修了後業務に従事する青少年大衆に対して軍事訓練を行う青年訓練所が発足することとなった。なお、青年訓練所と既存の実業補習学校とは同じ青年層を対象にしており、両者を一本化するという文政審議会の議を受けて、1935年に「青年学校令」が公布された。

2）昭和戦前期の教育

1931年の満州事変によって戦火が拡大するにつれて、教育もその影響を受けるようになった。1932年、教学刷新の理念の下に国民精神文化研究所が文部省によって設立された。これは、学生思想問題の対策を目的に設置され、教員の思想教育の徹底や、思想上問題のあった学生の再教育などを行い、思想問題の研究と研修に当たらせた（文部科学省編 2022：61）。

1935年に帝国議会において天皇機関説事件が問題化すると、国内の思想問題が教学の根本方針と内容批判に向けられ、国体精神に基づく教学刷新の必要が叫ばれるようになった。議会では同年に「政教刷新ニ関スル建議」と「国体明徴ニ関スル建議」が採択され、政府も国体明徴声明を発して教学の刷新振興の方策を図った。これにより、同年11月に教学刷新評議会が設置された。教学刷新評議会の答申によって国体思想の明確化とその教化の方策が検討され（同上：61）、逐次実施されていった。

1937年には内閣の諮問機関として教育審議会が設置され、答申によって戦時下の教育の方針を決定づけた。答申では青年学校教育の義務制が承認

されたほか、小学校も国民学校と名称を変え、義務教育を8年に延長する方針が決定された。しかし、戦局の転換によるさまざまな条件の変化によって、答申の内容は必ずしもそのとおりには実施されず、義務教育の延長も実現には至らなかった。さらに、女子高等学校・女子大学などの設立のように提案のままにとどまったものも少なくなかった（同上：62）。

　一方で、戦争の継続には通常の兵力を超える兵員と軍需物資を必要としたため、1938年に「国家総動員法」が制定された。これは国民の戦争動員を行うことを定めたものであったが、その一環で中等以上の教育機関の学生生徒が軍需工場等での勤労に動員されることとなった。

　1941年3月には「小学校令」が廃され、「国民学校令」が公布された。次いで同月に「国民学校令施行規則」が公布され、翌4月から実施された。こうして約70年の間使用されてきた「小学校」という名称が「国民学校」に変更され、戦争に向けた教育体制が整えられていった。国民学校の目的は、「国民学校令」第1条に「国民学校ハ皇国ノ道ニ則リテ初等普通教育ヲ施シ国民ノ基礎的錬成ヲ為スヲ以テ目的トス」（米田編著 2009：165）と規定された。「皇国民錬成」のために従来の諸教科は広域カリキュラム形式を取り、国民科、理数科、体錬科、芸能科、実業科（高等科のみ）に大別された。

　1943年には「中等学校令」が制定され、「師範教育令」や「高等学校令」などが改正された。「中等学校令」は、中学校、高等女学校、実業学校を同格の学校と定めて修業年限を4年にあらため、教科書を国定制とした（同上：385-386）。「師範教育令」の改正では、師範学校をすべて官立に移管して3年制の専門学校程度とし、教科書を国定制にあらためたほか、翌1944年の「師範教育令」の改正では青年学校教員の養成に当たる青年師範学校が新設された（同上：559-560）。「高等学校令」の改正では、高等学校と大学予科については修業年限が2年に短縮された（同上：487-488）。

　戦争の激化に伴い、大都市の国民学校初等科では安全な地方への学童疎

開も行われた。また、教員の徴兵応召も続き、教育活動は停止状態に陥った。大学や専門学校等の高等教育機関においても教育活動が停止状態となり、理工系などを除く学生の徴兵猶予特典が撤廃されたことから学徒出陣も行われた。1945 年のポツダム宣言の受諾によって戦火は収まり、日本は戦後復興のなかで新たな教育を目指すこととなった。

探してみようキーワード

大学寮　国学　足利学校　昌平坂学問所　藩校　寺子屋　学制　教育令
諸学校令　教育二関スル勅語　新教育　臨時教育会議　国民学校令

引用文献

五味文彦 2021『学校史に見る日本——足利学校・寺子屋・私塾から現代まで』みすず書房。

佐藤環監修、田中卓也編著 2019『日本の教育史を学ぶ』東信堂。

鈴木理恵編 2022『家と子どもの社会史』吉川弘文館。

世阿弥（野上豊一郎・西尾実校訂）1958『風姿花伝』岩波書店（岩波文庫）。

橋本美保・田中智志編著 2015『大正新教育の思想——生命の躍動』東信堂。

久木幸男 1990『日本古代学校の研究』玉川大学出版部。

文部科学省編 2022『学制百五十年史』ぎょうせい。

文部省編 1972『学制百年史　資料編』ぎょうせい。

米田俊彦編著 2009『近代日本教育関係法令体系』港の人。

さらなる学修のために ━━━━━━━━━━

文部科学省編 2022『学制百五十年史』ぎょうせい。

　1872 年の学制公布を起点とした日本の教育制度の発展をまとめている。通史に加えて学校系統図や年表資料が確認でき、WEB 閲覧も可能である。

五味文彦 2021『学校史に見る日本——足利学校・寺子屋・私塾から現代まで』みすず書房。

　古代の大学寮から近現代に至るまでの代表的な学校に焦点を当てて紹介している。通史を踏まえて押さえるべき学校群を理解することが期待できる。

米田俊彦編著 2009『近代日本教育関係法令体系』港の人。

　代表的な教育関連法令の制定から廃止までを、系統的に一冊に収録した文献
である。長大な文献のため、図書館等の確認を勧めたい。

佐藤環監修、田中卓也編著 2019『日本の教育史を学ぶ』東信堂。

　日本の教育史を時代ごとに詳しく解説した文献である。本章各節の制度的内
容に関する理解をさらに深化させることが期待される。

第 3 章

日本における教育の思想と歴史（2）
——日本の戦後教育改革

● ●

> **本章のつかみ**
>
> 　今日の日本の教育を支える制度は戦前の反省に立ち、戦後に GHQ の指導の下、日本の関係者がその基礎を構築した。本章では現在の日本の教育制度の基礎がどのような経緯でつくられたのかを学ぶ。

1　敗戦処理と戦後教育改革方針の模索・決定

1）文部省「新日本建設ノ教育方針」（1945 年 9 月）

　1945 年 8 月 14 日、日本はポツダム宣言を受諾し、連合国に無条件降伏することを通告した。翌 8 月 15 日の正午に、昭和天皇がラジオ放送で国民に「終戦の詔書」を伝え（玉音放送）、日本がアジア・太平洋戦争に敗れたことが国民に知らされた。

　敗戦直後、日本各地は空襲の被害を受け、食料や物資が不足する混乱期であったが、1945 年 9 月より学校では新学期が開始した。ただ、敗戦に伴いこれまでの教育政策の見直しを余儀なくされ、今後の教育方針も定かでないなかで学校が再開された。

　こうした状況を踏まえて、1945 年 9 月に、文部省は「新日本建設ノ教育方針」を公示した。新しい日本の建設に向けた教育改革の基本方針としてはじめて公に指示したものであった。内容は以下に記す 11 項目より構成される（海後編 1975：40-42）。

　①「新教育ノ方針」では、「今後ノ教育ハ益々国体ノ護持ニ努ムルト共

ニ軍国的思想及施策ヲ払拭シ平和国家ノ建設ヲ目途トシテ謙虚反省只管国民ノ教養ヲ深メ科学的思考力ヲ養ヒ平和愛好ノ念ヲ篤クシ智徳ノ一般水準ヲ昂メテ世界ノ進運ニ貢献スルモノタラシメントシテ居ル」が示された。今後の教育は国体（天皇制）護持とともに、軍国主義を払拭し、平和国家の建設を目指す。そして、これまでを謙虚に反省し、国民の教養を深化させ、科学的思考力・平和愛好の念・知徳の水準を向上させ、世界の発展に貢献しなければならないというものであった。この方針を受けて、②「教育ノ体勢」として、戦時下の教育体勢を廃止し、新教育を実施する体勢を整備することが示された。

　残る９つの提案は個別的な内容で、③「教科書」はこれまで使用されてきた教科書を全面改訂し、当分の間、削除が必要な箇所を指示して対応するというものであった。これを受けて、同年９月20日に文部省は「終戦ニ伴フ教科用図書取扱方ニ関スル件」を通達した。新しい教育方針の下での教科書が整備されるまでの間、従来使用してきた教科書のうち軍国主義にかかわる部分に墨を塗って削除するよう指示した。この当時の教科書は「墨塗り教科書」として、各地の博物館等に所蔵されている。山中（1986：202）には墨塗り教科書についての記述がある。教科書の墨塗りに対して、教員は「泣きながら墨を塗らせた」「からだじゅうに墨を塗られるような気持ちの悪い思いであった」というように深刻な思いであった。他方、子どもたちは教科書の墨塗りというはじめての体験に「勉強しないんでいいんだ」と喜んだそうである。

　さらに教職員、科学教育、社会教育、宗教、体育、文部省などに関する改革案の提示が続いた。具体的には、④「教職員ニ対スル措置」（新教育を実施するための教職員の再教育）、⑤「学徒ニ対スル措置」（学徒動員や勤労動員による学力不足である学生に対する特別教育の実施）、⑥「科学教育」（戦争目的の科学研究から真理の探究を基本とする科学への転換）、⑦「社会教育」（国民の道義と教養の向上としての社会教育の実施）、⑧「青少年団体」（従来の中央統制的な団体

ではなく、地域に根差した自発能動的な青少年団の育成）、⑨「宗教」（国民の宗教的情操や信仰心の涵養により世界の平和に寄与する宗教への期待）、⑩「体育」（衛生養護への注力、純正なスポーツの復活）、⑪「文部省機構ノ改革」（体育局、科学教育局の新設と今後のさらなる文部省機構改革）であった。

2）CIE「四大改革指令」（1945年10月〜12月）

　1945年9月2日に日本は降伏文書に調印し、日本の非軍事化・民主化を目的とした連合国軍による占領政策が本格的に始まった。同月、アメリカ太平洋陸軍総司令部に民間情報教育局（Civil Information and Educational Section：CIE）が設置された。なお、CIEは同年12月に連合国軍最高司令官総司令部（General Headquarters, the Supreme Commander for the Allied Powers：GHQ）に移管された。

　CIEの任務は日本の教育から軍国主義や国家主義を排除し、民主主義を普及させるための新しい教育課程の編成を日本に促すことにあった。その役割を果たすために、CIEは1945年10月から12月にかけて4つの命令を日本政府に行った。これらは四大改革指令と呼ばれ、その内容は次のとおりである。

　第1は、「日本教育制度ニ対スル管理政策」（1945年10月22日）である。軍国主義・極端な国家主義的な教育の停止（軍事教育や軍事教練の禁止）、民主主義や人権に関する教育の推進といった教育内容の見直し、軍国主義・国家主義者を教職から追放すること、新時代の教科・教科書・教材の整備を命じた（宮原ほか編 1974：24-26）。

　第2は、「教員及教育関係官ノ調査、除外、認可ニ関スル件」（同年10月30日）である。これによって軍国主義・国家主義者の教職追放が実施された（文部科学省編 2022：115）。

　第3は、「国家神道、神社神道ニ対スル政府ノ保証、支援、保全、監督並ニ弘布ノ廃止ニ関スル件」（同年12月15日）である。信教の自由の保障、国家と宗教の分離、宗教の政治利用の禁止を要請した（同上：114-115）。

第4は、「修身、日本歴史及ビ地理停止ニ関スル件」（同年12月31日）である。戦前に行われた修身・日本歴史・地理の授業を停止し、関連の教科書・指導書の回収を命令するものであった（同上：115）。

3）アメリカ教育使節団報告書（1946年4月）

先述の四大改革指令をはじめ、1945年にGHQが日本に発した教育に関する指令は戦前の教育体制の清算を目的としたものが大半で、新しい教育への改変について積極的な提案はほとんどなかった（海後編 1975：87）。戦後教育に関する本格的な改革案は1946年に入り提示された。

その嚆矢となったのがアメリカ教育使節団報告書である。1946年1月、GHQ最高司令官のマッカーサーはアメリカ政府に教育使節団を日本に派遣するよう要請した。これを受けて、同年3月にアメリカ教育使節団（団長：G. D. ストッダード〔Stoddard, George Dinsmore 1897-1981〕）が来日し、約1ヶ月日本に滞在し、同年4月に報告書をとりまとめた（土持 1993）。

報告書は前書き・序論に加えて、以下の6章から構成されるものであった（同上）。第1章は「日本の教育の目的および内容」である。中央集権的・画一的な教育制度を見直すこと、個人の価値と尊厳を重んじた民主主義的な教育制度を実現することを提案した。

第2章は「言語改革」である。ここでは漢字の全廃とローマ字の採用等が勧告された。

第3章は「初等学校および中等学校における教育行政」である。ここではこれまでの極端な中央集権から地方分権にあらためることが勧告された。具体的には教育行政を一般行政から独立させるために、公選の教育委員会を新設することが提言された。さらに、幼児教育の重視に加えて、学校制度に関する提言として、6・3・3制の単線型の学校体系への改編、9年の義務教育や男女共学の導入が勧告された。

第4章の「教授法及び教員養成改革」では、まず教授法について、注入伝達を中心とした画一的な教授法をあらため、児童生徒の個性を伸ばす教

育方法を導入することが提言された。さらに、地域の産業や行政を学ぶ
「社会科」(Social Studies) の導入も提案された。教員養成改革については、
新しい時代の教育を担う教員に対する再教育を提唱した。さらに、師範学
校で専門教育と高等普通教育が実施されるように、師範学校を教員養成の
専門学校または単科大学とすること、単科大学と総合大学で中等教育諸学
校の卒業者を入学させる 4 年課程に改編することが提言された（海後編
1975：136-138）。

　第 5 章は「成人教育」である。民主教育を促すために成人教育の果たす
役割は重要という立場で、成人のための夜間教室・公開講座の普及などが
提言された。

　第 6 章は「高等教育」である。研究の自由と大学の自治を重視すること
を勧告した。

4）教育刷新委員会第 1 回建議（1946 年 12 月）

　1946 年 8 月、内閣総理大臣の所管に属す機関として、教育刷新委員会が
設置された。これは先述したアメリカ教育使節団報告書の提言を実施する
ための具体的方策を調査審議し、提言することを目的とするものであった
（同上：143）。教育刷新委員会の初代委員長は安倍能成（1883-1966）である。
安倍は哲学者であり、幣原喜重郎内閣で文部大臣を務め（在任期間：1946 年
1 月～5 月）、その後死去するまで学習院院長を務めた（在任期間：1946 年 10 月
～1966 年）。1947 年 11 月、安倍に代わって教育刷新委員会委員長になった
のが南原繁（1889-1974）である。南原は東京帝国大学卒業後に内務省に入
省し、1921 年の同省退職以降、東京帝国大学で研究教育に従事した政治学
者である（国立国会図書館 2004a）。その後、南原は 1945 年 12 月に東京帝国
大学最後の総長に就任した（同上）。

　教育刷新委員会は発足から計 35 の建議を行った（文部省編 1992：117-118）。
ここでは戦後教育改革の方針を示した 1946 年 12 月の第 1 回建議に焦点を
当てる。

まず、本建議冒頭の「教育の理念及び教育基本法に関すること」で「教育基本法を制定する必要があると認めた」と記された（文部省編 1972：257）。戦後日本の教育理念と基本枠組みを定める教育基本法の制定を教育刷新委員会が提言したのである。さらに、本建議では「教育の目的」として、「教育は、人間性の開発をめざし、民主的平和的な国家及び社会の形成者として、真理と正義とを愛し、個人の尊厳をたっとび、勤労と協和とを重んずる、心身共に健康な国民の育成を期するにあること」（文部省編 1992：257）が示された。これは教育基本法第1条が定める「教育の目的」と類似する。他方で、本建議と教育基本法第1条で異なるのは、同法第1条が教育の目的を「人格の完成」と規定するのに対して、本建議は「人間性の開発」という文言を使用した。本建議から教育基本法制定までの間に修正が加えられたことがうかがえる。

　また、本建議は学制改革について、以下のように提言した。すなわち、新制の中学校（修業年限3年、義務制、全日制、男女共学）・高等学校（4年または5年制、全日制と定時制を設置）・大学（原則4年制）を創設すること、総合大学と単科大学に教育学科を設置し教員養成を行うこと、幼稚園についても学校体系の一部とし、5歳以上の保育を義務制とすることを希望すること等である（海後編 1975：146-147）。

　さらに、教育行政については、教育行政の民主化・地方分権、一般行政からの独立を進めることが建議された（同上：151）。これを実現するための具体的な制度として、市町村と府県に公選の教育委員会を設置し、これを教育の議決機関（1948年4月に「議決権と執行権をもつ行政機関」と再建議）とすること、中央教育行政の民主化を進めるために、中央教育委員会を設置し、これを文部省と統合する案を示した（同上：151-152）。

2　日本国憲法と教育基本法の制定

1）日本国憲法の制定

⑴　日本国憲法の制定経緯

このように1945年から1946年にかけて、GHQの指導の下で教育の敗戦処理と戦後教育改革方針の模索が進められた。これと同時期に戦後日本の人権保障や統治構造の基本枠組みを定める日本国憲法の制定も以下のように進められた（国立国会図書館 2004b；辻村 2021：24-32）。

1945年10月、GHQの指示で幣原喜重郎内閣の下に憲法問題調査委員会が設置された。委員長には憲法改正担当の国務大臣であった松本烝治（1877-1954）が就任し、同委員会の顧問には天皇機関説事件（1935年）で貴族院議員を辞職した憲法学者の美濃部達吉（1873-1948）が加わった（古関 2017：73-74）。同委員会は1946年2月に「憲法改正要綱」を起草したが、同要綱が天皇主権や国体護持を基本理念としたことからGHQはこれを拒否した。

「憲法改正要綱」に代わって、1946年2月にGHQは幣原内閣に対して「GHQ草案」を手渡した。「GHQ草案」は日本国憲法の基本案となるが、諸外国の憲法に加えて、日本の民間が策定した新憲法案からの影響を受けて作成された。「GHQ草案」に影響を与えたもののひとつに、統計学者の高野岩三郎（1871-1949）が結成した憲法研究会による「憲法草案要綱」（1945年12月）があった。同要綱には国民主権の立憲君主制や生存権規定に加えて、GHQが日本の軍国主義の温床と捉えた寄生地主制の廃止等が盛り込まれた。

「GHQ草案」を機軸として、1946年4月に幣原内閣は「憲法改正案」を起草した。同草案は同年6月から10月までの第90回帝国議会で、大日本帝国憲法の改正手続きに基づいて審議された。審議に当たって、衆議院と貴族院に専門委員会が設置され、政府が提出した「憲法改正案」に修正が

加えられた。例えば、衆議院の帝国憲法改正案委員会（委員長：芦田均〔1887-1959〕）での修正では、日本国憲法第9条第2項の冒頭に「前項の目的を達するため」が加えられた。また、貴族院の帝国憲法改正案特別委員会（委員長：安倍能成）の小委員会では、「内閣総理大臣その他の国務大臣は、文民でなければならない」（日本国憲法第66条第2項）という文民条項等が加えられた。

　以上のような修正を経て、「憲法改正案」は衆議院と貴族院両院の賛成多数で可決された。そして、同案は1946年11月3日に「日本国憲法」として公布され、1947年5月3日に施行された。

(2)　日本国憲法の内容

　日本国憲法は11章103条より構成され、その基本原則として国民主権、平和主義、基本的人権の尊重を掲げた（辻村 2021）。国民主権というのは、国の政治のあり方を最終的に決める力・権威を国民がもつというものである。平和主義として、第9条で戦争放棄、戦力不保持と交戦権の否認が明示された。基本的人権の尊重については、第11条と第97条で「侵すことのできない永久の権利」として現在および将来の国民に付与されることが規定された。

　ここでは、日本国憲法が「教育」について定めた条文に焦点を当てる。まず、日本国憲法で「教育」について定めたものとして、第26条がある。第26条第1項は教育を受ける権利を保障するものである。第2項は義務教育を規定するものである。子どもの教育を受ける権利を保障するために、子どもに教育を受けさせる義務を親権者に負わせることを定めている。さらに、「義務教育は、これを無償とする」とあるが、憲法学では授業料無償説が通説である。

　そのほかに「教育」という文言を含む憲法の条文として、以下の第20条第3項、第44条、第89条がある（同上）。憲法第20条第3項は「国及びその機関は、宗教<u>教育</u>その他いかなる宗教的活動もしてはならない」（下線部

筆者）とする。国家と宗教の分離という政教分離の原則を定める。

　さらに、この政教分離の原則を財政面から規定するのが第89条の公金
支出の制限である。憲法第89条は「公金その他の公の財産は、宗教上の組
織若しくは団体の使用、便益若しくは維持のため、又は公の支配に属しな
い慈善、教育若しくは博愛の事業に対し、これを支出し、又はその利用に
供してはならない」（下線部筆者）と規定する。公の支配に属しない教育事
業に公金支出を禁止するものである。

　憲法第44条は、国会議員の選挙権・被選挙権について定めるものである。
「両議院の議員及びその選挙人の資格は、法律でこれを定める。但し、人種、
信条、性別、社会的身分、門地、教育、財産又は収入によつて差別しては
ならない」（下線部筆者）という普通選挙の保障を規定する。

2）教育基本法の制定

　戦前の日本では、「教育ニ関スル勅語」（教育勅語）が教育の基本理念を示
してきた。しかし、教育勅語と戦後日本の方針とが相容れないことから、
新たに日本の教育理念を明示する法律の制定が要請された。このようなな
か、先述のとおり、1946年12月の教育刷新委員会第1回建議で教育基本
法を制定する方針が示された。これを受けて、文部省で教育基本法案が作
成され、1947年3月13日に政府は教育基本法案を帝国議会に提出した。帝
国議会での政府案の改変はなく、同年3月26日に教育基本法案が帝国議会
で可決し、同年3月31日教育基本法が公布・施行された。

　なお、教育基本法は2006年12月に全面改正され、制定当時のものと現
行法で条文の違いもある。ここでは戦後日本の教育方針がどのように定め
られたのかに焦点を当てるため、1947年の制定当時の教育基本法を取り上
げる。1947年に制定された教育基本法は、前文と計11条から構成される
ものであった。同法には前文があり、戦後日本の教育に関する基礎的法律
という教育憲法としての側面をもつ点に同法の特徴がある（教育法令研究会
編 1947：41）。前文には「日本国憲法の精神に則り、教育の目的を明示して、

新しい日本の教育の基本を確立するため、この法律を制定する」とあり、日本国憲法との関連が意識されている。

さらに、以下では第11条の補則を除く第1条から第10条までを概説する（同上：59-133）。第1条は教育の目的として、「人格の完成」と「平和的な国家及び社会の形成者」として国民を育成することとした。文部省訓令第4号（1947年5月3日）によれば、「人格の完成」は「個人の価値と尊厳との認識に基づき、人間の具えるあらゆる能力を、できる限り、しかも調和的に発展せしめること」を意味する。

第2条は教育の方針を定めた。「教育の目的は、あらゆる機会に、あらゆる場所において実現されなければならない」と定められた。つまり、学校以外にも教育の場を拡張することが企図された。さらに、教育の目的を実現するために、学問の自由の尊重、自発的精神の涵養、自他の敬愛と協力によって、文化の創造と発展に貢献するように努めなければならないことを明示した。

第3条は教育の機会均等を定めた。「すべて国民は、ひとしく、その能力に応ずる教育を受ける機会を与えられなければならない」とし、信条、性別、社会的身分等による教育機会の格差を是正することを示した。

第4条は義務教育について定めた。子どもに9年間の普通教育を受けさせる義務を親権者に課すこと、国立または公立の義務教育諸学校では授業料を徴収しないこととした。

第5条は男女共学を定めた。本条の規定は現在の私立中学校・高等学校でみられる男女別学校を否定するものではない。戦前の日本では義務教育修了後に通える学校が性別によって分けられていた。男子は旧制の中学校や高等学校、そして大学に進学することができた。他方、女子が通うことができたのは高等女学校、旧制女子専門学校、師範学校等であり、大学には原則通うことができなかった。このような意味での男女別学を廃止することが本条の趣旨である。

第6条は学校教育を規定するものである。法律が定める学校は公の性質をもつこと、学校の設置主体を国、地方公共団体、法律で認められた法人（学校法人）と明示した。さらに、学校で勤務する教員には全体の奉仕者として、その使命と職責を全うすることとこれに見合った教員の身分の尊重と待遇の適正化を要請する。

　第7条は社会教育に関する規定である。民主的で文化的な国家を建設するために、学校教育のみならず、家庭教育や社会教育が国や地方公共団体によって奨励される必要があることを示した。

　第8条は政治教育について定めたものである。民主的な政治が行われるためには国民の政治的教養と政治道徳の向上が必要であり、これを目的とした政治教育を尊重することを規定した。また、法律が定める学校での教育の目的を実現するために、一党一派の政治的偏見が持ち込まれないように教育の政治的中立性を要請した。

　第9条は宗教教育を規定した。日本国憲法が定める信教の自由を重んじるという意味での宗教に関する寛容な態度を養うこと、客観的事実として宗教を学ぶことを重視することとした。また、政教分離の原則の観点から、国立学校または公立学校で特定の宗派に関する知識を与え、宗教的情操を養うような宗教教育を禁止した。

　第10条は教育行政について定めたものである。戦前の中央集権的な教育行政の反省に立ち、新しい教育行政のあり方を示した。具体的には、教育は国民より信託され、国民の意思に基づいて行われなければならないこと、教育行政は教育内容に介入すべきではなく、教育の条件整備をその目標に置くべきという方針を提示した。

3　新しい教育制度の整備

　戦後日本の教育に関する基本枠組みを定めた教育基本法の制定に基づき、具体的な教育制度が整備された。ここでは新しい学校制度、教育委員会制

度、教員養成・研修制度、学習指導要領の4点に注目する。

1）新しい学校制度

　日本国憲法や教育基本法の理念に基づいて、戦後日本の学校教育制度を定めた法律として、学校教育法がある。学校教育法は教育基本法と同じく1947年3月31日に公布・施行された。

　図表3-1は国民学校令下の学校系統図（1944年）、図表3-2は学校教育法下の学校系統図（1949年）である。これら2つの図を比較し、学校教育法によって誕生した新しい学校制度の特徴を整理する（天城 1954：6-12）。

　第1に、義務教育の年限が延長された。図表3-1が示すように1941年4月に施行した国民学校令の下では、義務教育の期間は国民学校初等科の6年と同学校高等科の2年の計8年であった。しかし、この国民学校高等科2年の義務教育の実施は「国民学校令等戦時特例」（1944年2月）により延期された。そして、当該特例が発効のまま日本は敗戦となったため、国民学校高等科での義務教育は実施されなかった。その意味で、国民学校令下の義務教育の年限はそれまでの小学校令下のものと同じ6年であった。他方で、図表3-2が示すとおり、学校教育法下の現行制度では、義務教育の年限は新設の小学校6年と新制中学校3年の計9年である。

　第2に、学校体系の単一化（単線型学校制度の導入）と学校教育での男女差別の撤廃が進められた。図表3-1が示すように、戦前は義務教育であった国民学校初等科以後の進路が旧制中学校・高等学校・大学に進む、あるいは中等学校（旧制中学校、高等女学校、実業学校）や旧制専門学校に進む場合のように分かれていた（複線型学校制度）。他方で、戦後は小中学校の義務教育修了後を原則3年の新制高等学校と単純化した。

　第3に、教育機会の拡大である。例えば、新制高等学校で見受けられる。新制高等学校では教育基本法第5条で掲げられた「男女共学」に加えて、地域による就学機会を均等にするために「小学区制」を取り入れ、さらに各校で多様な学習ニーズに応えられるように普通課程と職業課程を総合し

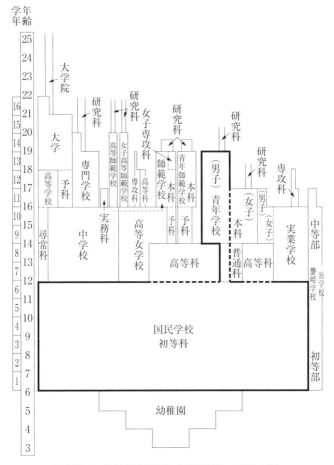

図表 3-1　国民学校令下の学校系統図（1944 年）

（注 1）図中の点線は同一学校の課程の区別を表す（例：本科と予科、国
民学校の初等科と高等科）。

（注 2）図中の太線は義務教育を表す（国民学校高等科での義務教育は
「国民学校令等戦時特例」により未実施となったので、太線から
除外）。

（出典）文部省編（1972：374）。

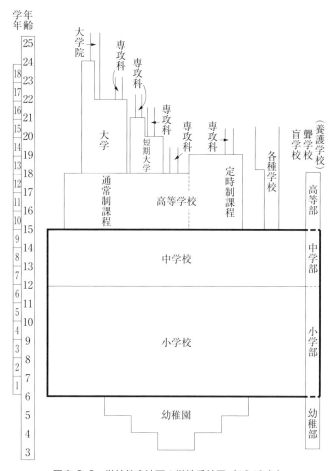

図表 3-2　学校教育法下の学校系統図（1949 年）

（注）図表 3-1 と同様。
（出典）文部省編（1972：375）。

た教育課程を提供できる「総合制」を採用することとした。これら「男女
共学」「小学区制」「総合制」は高校三原則といわれる。さらに、新制高等
学校には全日制、夜間制、定時制、通信制の４つの課程が導入され、生徒
を受け入れる体制を充実させた。しかし、男女別学の伝統を重視する意見

や複数の教育課程を設置・併存する困難等に直面する都道府県もあり、都道府県の間で新制高等学校の実施状況に差が生じた。

2）教育委員会制度

　先述のとおり、アメリカ教育使節団報告書、教育刷新委員会第1回建議、教育基本法は、教育行政の民主化と地方分権化の必要性に言及した。この教育行政の民主化と地方分権化を具現するために導入されたのが教育委員会制度である。アメリカの教育委員会制度を参照し、1948年7月に教育委員会法が成立し、日本に教育委員会制度が導入され、都道府県と市町村それぞれに教育委員会が設置されることになった。

　教育委員会制度の導入趣旨について、教育委員会法第1条は「教育が不当な支配に服することなく、国民全体に対し直接に責任を負って行われるべきであるという自覚のもとに、公正な民意により、地方の実情に即した教育行政を行うため」と示した。戦前の教育行政は時の政治情勢からの影響を受け、軍国主義・国家主義的なものとなってしまった。この反省に立ち、教育行政の政治的中立性を確保するために、行政委員会である教育委員会が地方教育行政について議決・執行する機関として定められた。

　さらに、「公正な民意」を地方教育行政に反映させるために、教育委員公選制が採用された。教育委員は都道府県に7人、市町村に5人置くこととされ（教育委員会法第7条第1項）、都道府県・市町村ともに1人はそれぞれの議会から選挙された議員が就任し（同条第3項）、議員以外の教育委員は住民の選挙によって選出することとされた（同条第2項）。

　教育委員会法の成立以降、教育委員選挙は3回実施されたが、教育委員選挙の投票率の低さとそれによる組織票の横行により、教育行政の政治的中立性の確保が困難となった。そこで、1956年に教育委員公選制を定めた教育委員会法は廃止され、新たに地方教育行政の組織及び運営に関する法律（地教行法）が制定された。地教行法の成立によって、教育委員は地方公共団体の長が議会の同意を得て任命するという現行の教育委員任命制へと

変わった。

3）教員養成・研修制度

　戦前の教員養成は主に師範学校で行われた。師範学校は高等小学校修了
を入学資格とし、4〜5年を修了年限とする中等教育レベルの教育機関で、
小学校教員「本科正教員」の免許状を取得するためには、原則師範学校を
卒業する必要があった（岩田 2022：20）。師範学校に通う学生には生活費や
勉学費が支給される反面、師範学校卒業後は校長の指定する勤務地で小学
校教員として勤務する服務義務が課された（海後編 1975：208）。このような
給費制度と服務義務制度という師範学校のあり方に対して、閉鎖的かつ封
建的であると批判が寄せられてきた（同上：208-209）。

　そこで、戦後の教員養成は「開放制の原則」と「大学での教員養成」と
いう2原則に基づいて実施することになった。「開放制の原則」とは、教育
職員免許法（1949年5月制定）の下で、国公私立のどの大学でも教員免許状
の取得に必要な科目の単位を取得すれば、大学卒業時に教員免許状が付与
されるというものである（岩田 2022：24-25）。「大学での教員養成」とは大
学卒を教員の基礎資格とし、「大学の自治」や「学問の自由」が保障された
大学で高度な専門性と幅広い視野を兼ね備えた教員を養成するというもの
である（同上：25）。

　さらに、1949年1月には教育公務員特例法が制定された。同法の第4章
には教員研修が定められた。第19条（現行法第21条）第1項は「教育公務
員は、その職責を遂行するために、絶えず研究と修養に努めなければなら
ない」と規定する。教育公務員特例法の制定当時に書かれた解説では、こ
の規定は「教育公務員特例法のヘソ」（文教研究同人会編 1949：46）と評され、
教員にとって研修が重要であることが強調された。その理由として、「自
分を高めることなしに、他人を高めることができない。知識を広く深くし、
研究を重ねて行ってこそ、本物の教育が行える」（同上：46）と言及された。
さらに、教員にはたんなる知識の蓄積という意味での「研究」だけでなく、

「教員自身の人間としての向上をはかる」（同上：47）という「修養」も重要であるとした。このような研究と修養（Study and Self-improvement）を「研修」と位置づけ、これが戦後の教員に要求されることとなった（久保 2005）。

4）学習指導要領（試案）の公表

戦前の日本では、教育課程の編成は国が行ってきた。こうした中央集権的な教育課程行政が国家主義・軍国主義を助長することとなった。その反省から、戦後は教育課程編成の地方分権化を進めることにした。

教育課程編成の地方分権化を進めるために、アメリカのコース・オブ・スタディが参照された。コース・オブ・スタディ（Course of Study）とは、教育に対する教員の自主性と教育の地域性を踏まえながら、アメリカの各州で教員に対して作成される教育の手引書である（宮本 1947）。戦後日本の教育課程行政では、国が教育課程に関与できる範囲をコース・オブ・スタディ、すなわち学習指導要領を教育課程の基準として策定・公表することにとどめることにした（海後編 1975：197-198）。

そして、1947 年 4 月に「学習指導要領　一般編（試案）」が公表された。これは「教師の研究に役立つ手引きとして試みにつくられたもの」（同上：199）であった。学習指導要領の制定当初は現在のように法定拘束力をもつものではなく、試案であった。なお、学習指導要領が法的拘束力をもつようになるのは、1958 年改訂以降である。

「学習指導要領　一般編（試案）」の序論に「なぜこの書はつくられたか」という節がある。ここにこの試案が作成された経緯として、「この書は、学習の指導について述べるのが目的であるが、これまでの教師用書のように、一つの動かすことのできない道をきめて、それを示そうとするような目的でつくられたものではない。新しく児童の要求と社会の要求とに応じて生まれた教科課程をどんなふうにして生かして行くかを教師自身が自分で研究して行く手びきとして書かれた」（文部省編 1947：2）と記された。

さらに、上記に続いて、「新しい学年のために短い時間で編集を進めな

ければならなかったため、すべてについて十分意を尽くすことができなかったし、教師各位の意見をまとめることもできなかった。ただこの編集のために作られた委員会の意見と、一部分の実際家の意見によって、とりいそぎまとめたものである。この書を読まれる人々は、これが全くの試みとして作られたことを念頭におかれ、今後完全なものをつくるために、続々と意見を寄せられて、その完成に協力されることを切に望むもの」（同上：2）という記述もある。このように、全国の教員に協力を求めながら、今日に至る戦後日本の学校教育が展開されてきたのである。

探してみようキーワード

新日本建設ノ教育方針　墨塗り教科書　四大改革指令　教職追放　アメリカ教育使節団　教育刷新委員会　日本国憲法　教育基本法　単線型学校制度　教育委員会　開放制の原則　大学での教員養成　教育公務員特例法　学習指導要領（試案）

引 用 文 献

天城勲 1954『学校教育法逐条解説』学陽書房。

岩田康之 2022『「大学における教員養成」の日本的構造──「教育学部」をめぐる布置関係の展開』学文社。

海後宗臣編 1975『戦後日本の教育改革　第1巻　教育改革』東京大学出版会。

教育法令研究会編 1947『教育基本法の解説』国立書院。

久保富三夫 2005『戦後日本教員研修制度成立過程の研究』風間書房。

国立国会図書館 2004a「近代日本人の肖像　南原繁」（入手先 URL：https://www.ndl.go.jp/portrait/datas/583/，最終閲覧日：2023年8月14日）。

国立国会図書館 2004b「日本国憲法の誕生」（入手先 URL：https://www.ndl.go.jp/constitution/index.html, 最終閲覧日：2023年8月14日）。

古関彰一 2017『日本国憲法の誕生（増補改訂版）』岩波書店（岩波現代文庫）。

辻村みよ子 2021『憲法（第7版）』日本評論社。

土持ゲーリー法一 1993「米国教育使節団」、明星大学戦後教育史研究センター編『戦後教育改革通史』明星大学出版部、91-106頁。

文教研究同人会編 1949『教育公務員特例法解説』文治書院。

宮原誠一・丸木政臣・伊ヶ崎暁生ほか編 1974『資料日本現代教育史 1』三省堂。

宮本敏行 1947『新しい教え方・学び方——コース・オブ・スタディ解説（再版）』若狭書房。

文部科学省編 2022『学制百五十年史』ぎょうせい。

文部省編 1947『学習指導要領　一般編（試案）』日本書籍。

文部省編 1972『学制百年史（記述編、資料編）』帝国地方行政学会。

文部省編 1992『学制百二十年史』ぎょうせい。

山中恒 1986『子どもたちの太平洋戦争——国民学校の時代』岩波書店（岩波新書）。

さらなる学修のために

小国喜弘 2023『戦後教育史——貧困・校内暴力・いじめから、不登校・発達障害問題まで』中央公論新社（中公新書）。

　本章で概説した戦後日本の教育改革から、今日に至るまでの日本の教育政策の展開がわかりやすく解説された書である。

境家史郎 2023『戦後日本政治史——占領期から「ネオ 55 年体制」まで』中央公論新社（中公新書）。

　自由民主党と日本社会党の対立という 55 年体制に着目し、戦後日本の政治史を概観した書で、教育を取り巻く戦後の社会情勢を学ぶうえで参考になる。

山住正己 1987『日本教育小史——近・現代』岩波書店（岩波新書）。

　日本の戦後改革のねらいについて深く理解するために、改革の対象となった明治期以降に日本で展開された教育の歴史を学ぶうえで参考になる。

コラム 1　　　　　　　**教育の歴史を学ぶ視点**

　大学で教育の歴史や社会科教育に関する講義を担当している。そのなかで社会科成立史として「初期社会科」を扱い、「アメリカ教育使節団報告書」や「学習指導要領　一般編（試案）」等を用いる機会がある。

　「初期社会科」とはわが国で成立した当初（昭和 20 年代）の社会科を指し、戦後教育の土台となった両書の理念も反映されている。加えて、「なすことによって学ぶ」という J. デューイ（Dewey, John 1859-1952）の経験主義の教育や、児童の自発的活動を重視する立場は、今日の社会科教育を考えるうえで重要である。

　筆者が講義で上記の内容を扱うようになってから 10 年以上が経つが、学生の反応は年とともに変化した。当初は戦後教育の理念に対する感想や、教育方法の変化に対する児童と教師の戸惑いを指摘する声が目立った。なかには学生自身が受けた暗記主義の社会科に対する困惑の声もあった。一方で、近年では「初期社会科」といわゆる「アクティブラーニング」を関連づける声も散見されるようになった。

　筆者の配布資料（特に配布した史料）に大きな変化はない。話術や指導技術に変化はあったかもしれないが、アクティブラーニングに関する感想は 2017 年以降の学習指導要領改訂の時期と前後して登場した。この十数年の推移でも、経験や社会的要請に伴って、学生が歴史を学ぶ視点は変化しうるのである。

　さて、社会科のように多様な歴史的背景を含む内容について論じる際には、必ず自身で史料を確認し、時代背景や歴史的変遷を追うことを勧めている。少なくとも、歴史的事実とされる史料は自分の目で確認したうえで、自分なりの考えを表現して欲しいと考えている。

　イギリスの歴史家である E. H. カー（Carr, Edward Hallett 1892-1982）は、著書『歴史とは何か』で、歴史とは「歴史家とその事実のあいだの相互作用の絶え間ないプロセスであり、現在と過去のあいだの終わりのない対話」（カー 2022：43）と論じている。カーは、歴史とは何かという問いは、「時代の中の自分の立ち位置を反映し」「自分が生きる社会をどう見ているのか」（同上：6）を検討することだと指摘する。

　読者のみなさんは教育の歴史にどのような意味を見出すだろうか。冒頭で紹介したのは社会科であるが、多様な教科にそれぞれの歴史と専門性がある。例えば、ご自身の専門とする教科が成立したのはいつ、どのような理由からかを検討することが、教科指導の意義の深化につながるかもしれない。歴史を学ぶ意味は、一人ひとり違ってよいものである。興味があれば、ぜひ各章や巻末の史料も参照してほしい。多様な史料を読み解いて、自分なりの歴史観を深める入り口として、本書を活用されることを願っている。

※引用文献：カー, E. H.（近藤和彦訳）2022『歴史とは何か（新版）』岩波書店。

第 4 章
西洋における教育の思想と歴史（1）
──古代から近代までの教育

・・・

┌─────────────────────────────────────┐
│ **本章のつかみ**   │
│　本章では、西洋教育の歴史について古代ギリシアから19世紀中葉まで │
│ の主要な事柄や考え方について検討する。ソクラテスやプラトンの考え │
│ 方をはじめ、キリスト教に関連する学校、中世の大学の成立、近代教育 │
│ 思想の変遷などを中心に学ぶ。   │
└─────────────────────────────────────┘

1　古代の教育

1）スパルタとアテネの教育

　14 世紀から 16 世紀にかけての西ヨーロッパでは、古代ギリシア・ロー
マ文化に新たな価値を見出し、中世以来の価値観に捉われない人間の生き
方や考え方を模索する文化運動が展開された。この文化運動がルネサンス
（「再生」の意味）である。このことからも古代ギリシア・ローマ文化の歴史
的影響の大きさを理解できるであろう。西洋教育の歴史について、まず古
代ギリシア・ローマの教育から検討したい。

　古代ギリシアでは紀元前 8 世紀頃から規模や制度の異なるさまざまなポ
リス（都市国家）が成立し始めた。これらポリスのなかで顕著な発展を遂げ
たのがスパルタとアテネである。

　スパルタはドーリア人が先住民を征服して成立したポリスである。この
背景からスパルタは、少数の征服者としての自由民が多数の被征服者を統
治するために強力な軍事力を必要とした。教育は身体的訓練を強調する国

家主導型で実施された。厳しい「スパルタ教育」は形を変えながらその後の世界の教育の歴史にさまざまな局面で登場することになったのである。

　スパルタの教育については、プルタルコス（Plutarchus 46頃-120頃）による『英雄伝』のリュクルゴスの項に詳しい。その項によれば、出生した子どもは長老によって審査され丈夫な子どものみが育てられ、そうでない子どもは捨てられた。男児は7歳になると家庭を離れて集団生活に入った。食べ物も衣服も十分に与えられず、夜は固い寝床で寝かされ、身体の鍛錬に励み戦闘の訓練を行った。いくつかの段階を経て20歳で国防の前線に立つ兵士として認められたのである。30歳まで軍務に服してようやく完全な市民権が与えられた。教育内容としては読み書きが最小限にとどめられ、体育、軍事訓練などが重視された。女児も強健な体力をもつために競走やレスリングなどの身体の鍛錬を行った。

　アテネはスパルタとは異なり、征服、被征服に由来する対立というよりも、貴族と平民、市民と奴隷などの身分差別が存在した。アテネの教育はペルシャ戦争の終わり（前449）の時代から変化がみられた。その前の時代においては、市民の自由な意志や自覚に基づいての教育が実施されていた。子どもの養育や教育の責任は父親にあり、7歳までは男児も女児も一緒に母親や乳母の保護の下に家庭で育てられた。7歳以降になると女児は家政を教えられ、男児はいろいろな教師から教育を受けた。最も身近な教師はパイダゴーゴスと呼ばれる読み書きのできる奴隷であった。パイダゴーゴスは身辺の世話や、音楽、文法、体育などの私塾への送迎もした。アテネの支配層を目指す者は、16歳から18歳までの2年間、ギムナシオンと呼ばれる体育学校に通い、競走、レスリング、戦車操作などの訓練を受けた。こうして準市民としての資格を得、さらに2年間軍事訓練を受けて完全な市民として認められた。

　前5世紀前半、アテネは政治的文化的にもギリシア都市国家のなかで最も影響力をもち、多様な人々が交流して新しい思想が流入する時代であっ

た。しかし同後半にはスパルタとアテネの覇権をかけてペロポネソス戦争（前431〜前404）があり、ギリシア全土を巻き込んだ戦争は都市国家の結合を危うくしていった。結果としてアテネはスパルタに降伏し、社会的道徳的な混乱期を迎えた。こうした背景もあり、前5世紀後半は旧時代の厳格な教育システムが緩和し、国家に対する奉仕の精神よりも個人の名声や栄達を求める機運が高まっていたのである。そしてこの時代に有料で処世術としての学芸を教える職業教師すなわちソフィストたちが登場した。彼らは諸都市を巡歴し、修辞学、文法、政治学などを教えた。「人間は万物の尺度である」で知られるプロタゴラス（Protagoras 前480頃-前410頃）もソフィストのひとりであった。

2）ソクラテス、プラトン、アリストテレスの考え方

　ソフィストたちが社会を生きる現実的な方便としての学芸を教えたのに対し、同時代人のソクラテス（Socrates 前469頃-前399）は、真理とは何か、徳とは何かといった本質的なもの普遍的なものを探究し、若者と対話を重ねた。ソクラテスは学ぶことの意義をソフィストのように社会的な成功に置くのではなく、真理や徳を探究し続けること自体に置いたのである。「汝自身を知れ」は彼自身の生きる指針であり、指導原理でもあった。彼の問答法とか対話法とか呼ばれる教育方法は独特である。「愛とは何か」「徳とは何か」などと問いかけてくる弟子たちに即答をせず、対話を重ねて相手を「無知の自覚」に導き、さらに対話を続けて真理へと導くという方法である。師としてのソクラテスが真理を教えたのではなく、師との対話のなかで自己内対話を繰り返した弟子が真理を生み出すのである。真理の誕生に立ち会うということから、ソクラテスのこの方法は産婆的対話法とも呼ばれている。

　ソクラテスの書物は残されていないが、その思想、生き方を後世に伝えたのが弟子のプラトン（Platon 前427頃-前347）である。プラトンもソクラテス同様、普遍的真理（イデア）を探究した。彼の著した『国家』は、理想

国家建設のために「善のイデア」を知る哲人による政治の必要を説いたものであるが、教育論としても知られている。その書によれば、眼の視覚は太陽の光でものをみることができるように、魂は「善のイデア」の光で真にあるものを理性でもって知ることができる、とされる。魂のイデア界へのあこがれをプラトンはエロスと呼んだ。したがってエロスの作用によって人々を無知からイデアの世界に目覚めさせることが教育の目的となるのである。

　教育の内容としては3段階に大別される。まず20歳までは音楽と体操、軍事訓練などが教育される。選ばれた者だけが次の段階に進み、30歳までに数学、天文学、和声学などが教育される。さらに選ばれた者が35歳までに弁証法の教育を受け、15年間の実務の経験を積んで50歳で哲人教育が終了する。プラトンはこうした天分に応じた教育を実施することによって理想の国家の建設を目指したのである。彼は前386年、アテネの郊外に「アカデメイア」と呼ばれる学苑を開いた。

　アリストテレス（Aristoteles 前384-前322）は、「アカデメイア」で約20年間学んだ。彼はポリス社会における理性的で有徳な人間形成を教育の目的とした。プラトンに学びながらも形而上学に基づくイデア説から脱却して経験と観察を重んじ、自然、人文、社会など多方面に考察を深めた。彼もまた「リュケイオン」と呼ばれる学苑を創設（前335）した。

3）古代ローマの教育

　古代ローマはイタリア半島中部のティベル河畔に建設された都市国家である。前6世紀後半にそれまでの王政から共和政となった。共和政時代の前半における子どもの教育の場は家庭であり、幼児期は母親がその担い手の中心であった。男児は7歳頃から父親から農耕、武器の使用、社会的慣習、宗教的儀式など、成人として必要な知識や技術を授けられていた。女児は母親から家事を教えられ、読み書き算などは男児と同様父親から学んだ。古代ギリシアの人々が抽象的、観念的な真理を追い求めていたのに対

し、古代ローマの人々は生活に有用な知識、技術を追い求めたのである。

　ローマは紀元前3世紀の中頃にはイタリア半島全体を従え、さらに地中海世界を支配していった。その過程で文化、教育の面では特にギリシアの影響を強く受けた。この時期にルードゥスと呼ばれる私的な初等学校が始まった。ルードゥスでは6、7歳から12歳くらいまでの子どもに読み書き算の初歩を教えた。やがてギリシア語、ラテン語の文法や文学などを教える教育施設が発達した。さらに法律や政治の世界に進もうとする者のための高等教育機関として弁論術や法律などを教える修辞学校も普及した。

　共和政時代には後世に影響を与えた教養人も登場する。政治家、弁論家として活躍したM. T. キケロ（Cicero, Marcus Tullius 前106-前43）もそのひとりである。彼の文章はルネサンス以降の西欧において長くラテン語学習の模範とされた。彼は20代の後半にギリシアに留学し、「アカデメイア」で哲学を学んだといわれる。この時代、多くの教養人がギリシアやアレクサンドリアなどの文化先進地域に留学し、ローマに東方の文化を伝えたのである。

　紀元前1世紀後半の帝政期になるとローマは文化の中心地となり、その支配する地域から有為の人材を迎えるようになった。その時代の代表的な教育者であるM. F. クインティリアヌス（Quintilianus, Marcus Fabius 35頃-96頃）もスペイン出身であった。彼はローマで弁論術を重視する修辞学校を開き、体系的な教育論を展開した『弁論家の教育』を著した。その書では教育の場として家庭よりも学校を優先すべきと主張し、幼少期の教育から高等教育まで学ぶべき内容を具体的に示した。

　帝政期においては学校教育が拡大し、公権力からの助成や統制も始まって、教育は私的な事柄だけでなく、公権力にとっても重要とされるようになった。

2 中世の教育

1）キリスト教の教育

　紀元1世紀に誕生したキリスト教は、ローマ帝国による幾多の迫害の時代を経て4世紀前半に公認され、同世紀の後半には国教となり勢力を拡大していった。勢力拡大の過程は、内部的にみれば組織化と専門化の過程でもあった。すなわち、迫害や異教的文化との対決の歴史は、信仰を鍛錬・強化する組織を必要とし、また、改宗の志願者に洗礼のための準備を施す場も必要とした。こうして公認される以前の2世紀頃からすでにアレクサンドリアをはじめ小アジアの諸都市で、キリスト教の初歩を問答形式で教える問答学校や、問答学校の教師や教会の指導者を養成する問答教師学校が発生していた。キリスト教がローマ帝国内の教養ある市民層に広がるにつれ、教育機能の充実が求められたのである。

　西ヨーロッパのキリスト教は、5世紀頃からローマ教皇を中心に管理体制を徐々に整備していった。ローマ教皇は地方に配置されている大司教を統括し、もうひとつの国家としての様相をもつに至った。この点で国家と常に結びついていたコンスタンティノープルなどの東方の教会とは大きく相違するのである。西ヨーロッパの教会は主要都市に司教座聖堂 Cathedral Church を設立した。そしてその付属機関として司教座聖堂学校を運営し、教区ごとに設けられた教会の聖職者を養成した。司教座聖堂学校では聖職者を目指す者に読み書きや讃美歌などが教授された。初期の頃は司教が教師の役割を果たしたが、教会の拡大や機能の分化の過程で教育の専任者が現れるようになった。基礎教育を終えると、神学や後述する自由7科が教授された。また組織として、聖職者養成を目的とする内校と、一般子弟の入学を認める外校に分かれていった。司教座聖堂学校は各地に普及し、中世ヨーロッパの教育に大きな役割を果たしたのである。

　5世紀から6世紀にかけて、祈りと労働を共同生活で行う修道院

Monastery が各地に設立されていった。そのなかでは、聖ベネディクトゥス（Benedictus, de Nursia 480 頃–547 頃）がローマの南、モンテ・カシノに 529 年頃開いた修道院がよく知られている。その修道院で彼は、序言および 73ヶ条からなる日常生活の戒律を定めた。この戒律は、その後の西ヨーロッパの修道院における生活の基本となっていった。聖ベネディクトゥスの戒律では、一日に少なくとも 7 時間の労働と 2 時間ないし 5 時間の読書が規定されていた。

　労働の日々は、修道僧のなかに耕作の熟練者や木工・金工・革工などの練達者、さらには開墾や土木事業の技術者を生み、世俗の人々のよき模範となっていった。また読書の重視は、いうまでもなく修道僧の読む能力の養成と読まれるべき文献の充実を必要とした。こうして修道院は新参者に読み書きを教える教育の場を設け、また文献を充実させるために文献を筆写する部屋すなわち写字室や写本の保存室を付設した。文献の維持、保管、伝達は、後世の学問研究に多大な貢献をしたのである。

　中世初期のゲルマン民族の移動や西ローマ帝国の滅亡などに起因する政治的、社会的に不安定であった時代にあって、諸技術の修練の場、教育と学問の場であった修道院の果たした歴史的役割は大きいし、その基礎としての聖ベネディクトゥスの戒律の意義もきわめて深いといえるであろう。

　修道院は設立された初期の時代は、部内者だけの、すなわち新参者の教育と修道僧の修練の場であったが、8、9 世紀頃から修道院生活を志望しない一般人たちにも教育を開放するようになっていった。こうして修道院における教育の場は修道院学校として次第に組織化されたのである。修道院学校は上述の司教座聖堂学校と同じく、僧を志望する者は内校へ、一般人は外校へ入学した。修道院学校の授業内容は、読み書き算、音楽、宗教儀式などであった。『聖書』をはじめ『詩篇』『ミサ祈禱書』など筆写された文献が、すでに日常語ではなくなっていたラテン語であったため、学習は困難を極めた。基礎教育を終えさらに高度な学問を志す者に対しては、修

道院学校は司教座聖堂学校と同様の教育内容を整えていった。教育内容の中心は中世を通じて長きにわたり教授された自由7科である。

　自由7科は、古代ギリシア、ローマの時代にその源泉を発していたが、中世において集大成された。それは3学と4科に大別される。3学とは文法、修辞、弁証法であり、4科とは算術、幾何、天文、音楽である。3学と4科のうちでは前者が重視された。これらすべての学科がすべての司教座聖堂学校や修道院学校で教えられることは稀であった。小規模の学校では主にあらゆる学問の基礎である文法を中心に3学が、ごく少数の大規模校では全科が設けられていた。

2）大学の成立

　中世においてイタリアでは諸都市における商業の発展がめざましく、それを背景にした経済的基盤の充実とその時代にまで受け継がれてきた古代ローマ文化の伝統を素地として、独自の知的風土が形成された。また、11世紀末に始まった十字軍の遠征を契機として東西の交流が活発化し、アラビアやギリシアの文化が西欧世界の学術研究に大きな影響を与えていった。このような背景の下に中世の大学は成立した。

　中世の大学は、11世紀後半から12世紀にかけての時代、まずイタリア北部の都市ボローニャにおいて法学を中心に誕生したとされる。ボローニャ以外のラヴェンナ、ローマ、パヴィアなどの諸都市にも、ローマ法の研究を主とする法律学校はすでに存在していた。しかし、12世紀初頭ボローニャに法学者イルネリウス（Irnerius 1050頃–1130頃）が現れて、ローマ帝国末期の『ユスティニアヌス法典』を根拠にローマ法の研究、講義を開始し名声を得た。やがて彼の教えを受けた弟子たちがその地で講義を始め、多数の聴講学生を集めることとなり、ボローニャは法学のメッカとなったのである。

　ボローニャ大学は繁栄する都市のひとつの象徴として誕生したが、ほぼ同じ時期、パリではノートルダム司教座聖堂学校や修道院学校などの神学

研究を背景として、神学研究で名声を得た P. アベラール（Abélard, Pierre 1079–1142）など著名な教授者の開設した私塾に多くの学生が集まり、大学としての体裁を整えつつあった。

　上述した2大学のほか、12世紀から13世紀にかけて各地で大学が発生していった。例えば、南イタリアのサレルノ地方は温泉もある療養地として知られていたが、ギリシアやアラビアの医学の影響を受けた医学校が発達し、13世紀前半には大学として認められるようになった。また、イギリスでは12世紀後半にオックスフォード大学が、13世紀前半にケンブリッジ大学が、それぞれパリ大学に範を取って成立した。

　中世の大学は、成立の契機や研究の内容、組織などにそれぞれの特色をもつとはいえ、多くの共通点も見出すことができる。そのような共通点を示す用語として、ウニベルシタス Universitas とストゥディウム・ゲネラーレ Studium Generale がある。大学 University の語源となっているウニベルシタスは、もともとは、組合といった意味で用いられていた。すなわち中世の大学は、同業組合（ギルド）としての特色をもっており、そこには学生相互、教師相互のある種の強い連帯、団結意識が存在していた。

　大学における研究や教育の場は、ストゥディウム・ゲネラーレすなわち一般研究所と呼ばれた。この場合の「一般」は、研究や教育の一般性、総合性を意味するのではなく、地方や階級を超えてあらゆる人々に開放されたという意味で用いられた。したがって一般研究所は国際性に富んでいるという特色をもっており、共通となる使用語はラテン語であった。このように、大学成立の初期の時代において大学を表す呼称としては、集団生活を表現するウニベルシタス、そして場所を表現するストゥディウム・ゲネラーレがあったが、多くの場合大学の諸特権が学生や教師の集団に与えられたことにより、15世紀頃にはウニベルシタスという大学の呼称が定着していった。

　ヨーロッパ各地から集まる学生たちは多くの場合、カレッジの語源であ

るコレギウム Collegiumすなわち共同宿舎で生活をともにした。コレギウ
ムは、パリ大学では貧しい学生たちのための救済制度として始まったとい
われる。学生たちは、一般の寄付や教会の出資などにより独立家屋で生活
し、教師も寄宿して学問に励んだ。教師が学生の共同生活に入り込むとい
う方法は、特にイギリスにおいて定着し、いわば師弟同行の教育システム
がオックスフォード大学やケンブリッジ大学のひとつの特色となっていっ
た。

　中世の大学の教師や学生は、ウニベルシタスを形成することによって
種々の特権をもっていた。彼らは、兵役や納税その他の賦役を免除されて
いた。また学内への世俗的権力の介入を認めず、裁判や刑罰についても世
俗的適用を逃れた。大学は、中世の都市にとっては誇りある存在であるだ
けでなく、経済的利益をもたらす存在でもあった。大学側はこの有利な立
場を利用し、都市や時には教会に対抗して講義停止や解散の手段を用いる
こともできた。

　中世に成立した大学の特質は、現在において薄れつつあるとはいえ、な
お当時の理念や特質を受け継いでいる面もあるといえるであろう。

3）中世から近代へ

　14世紀頃からイタリアで始まったルネサンス運動は、ヨーロッパ各地に
広がり、それまでのキリスト教神学の影響によるものの考え方から、人間
中心のものの考え方への転換をもたらした。古代ギリシア・ローマ時代の
古典に学び、人間の自由で知的な精神の発現を人々は求めたのである。

　また、この時代以降、ヨーロッパの視点からいえば地理上の発見が相次
ぎ、マルコ・ポーロの『東方見聞録』に代表されるように、新しい民族や
慣習が紹介されて人々の知的関心を刺激した。15世紀から16世紀にかけ
てはインド航路の発見、アメリカ大陸への進出、マゼランによる世界周航
の試みなどがあり、ヨーロッパの人々を植民地開拓や科学的探究へと向か
わせる要因となった。

さらに、15世紀中葉J.グーテンベルク（Gutenberg, Johannes 1400頃-1468）がはじめて活版印刷によるラテン語聖書を刊行した。その印刷技術はヨーロッパ各地に急速に広まり、印刷物の増加は学問や知識の普及に大きな影響を与えた。16世紀にガリレオ、コペルニクス、ケプラーなどの科学者が新しい知識を世に問うが、彼らの考え方の普及やその後の科学の発展に印刷物の果たした役割は大きいし、また教育の分野でも、例えば後述のコメニウスが著した挿絵入り教科書『世界図絵』が広範な地域で長期にわたって使用されたように、近代以降の教育場面において印刷物は教材として欠かせないものとなっていった。

　そして、16世紀に宗教改革運動が生起した。西欧中世の人々の生活に深く浸透し、精神的世界を支配していたローマ・カトリック教会は、十字軍遠征の失敗以降権威を失墜しつつあったが、サン・ピエトロ大聖堂建設の資金として免罪符を販売したところ、その販売を批判したM.ルター（Luther, Martin 1483-1546）によって、1517年宗教改革が開始されたのである。彼は『聖書』のドイツ語訳を行い、教育が宗教改革を進めるうえで不可欠と考えていた。ルターに続き、ドイツではP.メランヒトン（Melanchton, Philipp 1497-1560）、スイスでは『キリスト教綱要』を著したJ.カルヴァン（Calvin, Jean 1509-1564）などが人々の信仰や教育に強い影響を与えた。

　上述したルネサンス運動、地理上の発見、印刷技術の発達、宗教改革は、西欧世界において政治・経済・文化などの社会生活の変容や進展とともに、近代の科学的精神、思考方法を生み出していった。16世紀以降、現在の私たちも親しむ教育学の古典が次々と世に出され、後世の教育の考え方や実践に影響を与えてきた。以下において近代教育の理論と実践に大きな足跡を残した思想家たちの教育観の要点を示したい。

3 近代における教育観の変遷

1）コメニウス

　ルネサンス運動以降の人々の知的探究や合理的精神の高まりは、近代の教育の考え方にも直接結びつく思想を生んだ。そのひとりがJ. A. コメニウス（Comenius, Johannes Amos 1592–1670）である。

　コメニウスは、チェコの生まれでボヘミア同胞教団の指導者として活躍するが、三十年戦争期に迫害を受けて祖国を離れ、ヨーロッパ各地を転々として生涯を送った。彼は宗教的信念をもって祖国さらには世界の平和を希求し、すべての人々を対象とする普遍的な教育と知識の体系すなわち汎知学（パンソフィア）を構想した。主著『大教授学』（1657）は正式には長い書名となっているが、冒頭に「あらゆる人にあらゆる事柄を教授する普遍的な技法を提示する大教授学」（コメニウス 1974：13）とある。ここには身分や階級制度が厳しく社会も不安定であった時代に早くも公教育の考え方が示されており、コメニウスの先見性がうかがえるであろう。

　また彼は、年齢と発達段階との対応に着眼し、発達段階に応じた学校教育を構想した。すなわち24歳までを幼少期、少年期、若年期、青年期に分けて、それぞれの段階に「母の膝あるいは母親学校」「初級学校あるいは国民母国語学校」「ラテン語学校あるいはギムナジウム」「大学および外国旅行」という名称を与えた。年齢と学業段階の対応関係に考慮しなかった時代においては画期的な考え方であった。

　挿絵入り教科書『世界図絵』（1658）を著したことも、コメニウスの大きな功績のひとつである。その書においては、各ページに説明したいテーマに沿った絵を掲げ、その絵に描写されている事柄の一つひとつにアラビア数字を付与し、アラビア数字に対応して説明を加えるという工夫がなされている。『世界図絵』はヨーロッパ各地で使用され、教科書のベストセラーとなった。

この時代に子どもの発達段階にふさわしい教授を主張し、挿絵入り教科書を考案したコメニウスの先見性は高く評価されるであろう。しかし彼の考察においては、個々の発達段階に固有の価値を見出すということではなく、あくまでも大人という完成した人間像が前提としてあり、そこに至る変化の過程としての意義をそれぞれの発達段階に見出していた。『大教授学』には、「人間としてふるまうことを学んだ者以外に、いいかえれば人間の資格を持つように形成された者以外に、人間でありうる者がいるなどとは、誰にも信じていただきたくない」（同上：82）などの表現がみられる。子どものそれぞれの発達段階に固有の価値、人間としての尊厳を見出す教育観は、18世紀のルソーにおいて示されることになる。

2）ロックとルソー

　17世紀後半から18世紀後半にかけて、西欧では理性の働きを重視する啓蒙主義思想が支配的であった。啓蒙主義は、社会を覆う闇、すなわち人々の生活を停滞させる無知、迷信、偏見などを理性の光で照らし出し、合理的科学的な知識の普及により、生活の向上や現世の幸福を求めるという考え方であった。封建的な伝統社会を変革し、新しい社会を担う人間形成が目指されていた。したがって啓蒙主義思想家たちの活躍は一種の社会教育運動でもあった。D. ディドロ（Diderot, Denis 1713-1784）がその時代を代表する知識人を結集して編纂した『百科全書』（1751〜1772）は、啓蒙主義期を象徴する著作物といえるであろう。

　この時代、貴族など上流階級では子どもの教育については家庭教師に任せることが一般的であった。また自分の子どもをどう教育するかについて、家庭教師や思想家などに教育案の構想を依頼することもしばしばあった。こうして著された教育案、教育論のなかで現在も親しく読み継がれているのが、イギリスのJ. ロック（Locke, John 1632-1704）による『教育論』（1693）と、ジュネーブ生まれのフランスで活躍したJ. -J. ルソー（Rousseau, Jean-Jacques 1712-1778）による『エミール』（1762）である。

ロックは『教育論』の序文の冒頭に、「健全な身体に宿る健全な精神、これはこの世における幸福な状態というものを、簡潔ではあるが十分に言い表している」（ロック 1974：13）と記しているが、そこからも示唆されるように、子どもの教育において知育と体育を同等に考慮し、徳育も加えた3つの領域を中心に考察を展開している。ルソーが『エミール』を書いた時代、フランスの上流階級ではロックの教育論が流行していた。ルソーがロックの考え方や『教育論』をライバル視していたことを、『エミール』の読者は確認できるであろう。

　ルソーは、政治、文学、教育などの分野で後世に深い思想的影響を与えた。彼は、人間理性に絶対的な信頼を置く啓蒙主義の全盛期にあって、学問芸術の進歩が人々の徳性を喪失させたことを主張して注目を集めた。そして「自然人」という、論理的ではあるが非現実的な人間像を設定して現実社会の矛盾を告発し、理想の社会の形成とその構成員としての市民の教育を構想した。教育論『エミール』は、「自然人」としての少年エミールが、あらゆる教育的影響力を象徴化したと思われるひとりの教師の指導によって、本性善としての人間から有徳な人間へと導かれるという、誕生から結婚するまでを描いた教育小説である。

　『エミール』は全体が5編に分かれており、エミールの発達段階に対応して乳幼児期から少年期、思春期、青年期のそれぞれの時期のルソーの教育的考えが示されている。その教育論の要点は、子どもの自然本性の成長・発達に委ねる教育（「自然の教育」）であり、したがって少年期までの教育は、子どもを早い時期から理性的な存在であるとみなして理性の働きを要求する種々の知識や道徳的観念を与える（「人間の教育」）のではなく、一定の環境を設定してそのなかでの経験を重視する「事物の教育」を展開することであった。この教えない教育である「事物の教育」は、方法論としては「消極的（否定的）教育方法」として知られている。理性が発達した思春期以降の教育は「人間の教育」が構想されている。

上述したように、ルソーはロックの『教育論』を意識しつつ『エミール』を著したが、少年期までの教育的考え方にも対立がみられる。ロックは同書のなかで、「子どもの年齢と理解力の達しうる程度の道理で、簡単明瞭に」という条件つきで、「子どもと理性的に話し合う」ということを「子どもを取り扱う真の方法である」とし、「子どもたちは言葉を解すると同時に理性的なものを解する。そして私の観察が間違っていなければ想像以上に早く彼らは理性的被造物として扱われることを好むのである」(同上：91)と述べている。しかしルソーはロックのこうした見解を、「人といろいろ議論してきた子どもぐらい愚かしい者はいない」と批判し、「すぐれた教育の傑作は理性的な人間をつくりあげることだ。しかし人は、理性によって子どもを教育しようとしている。それは、終りにあるものから始めることだ」(ルソー 1999：123-124) と反論した。こうしたロックとルソーの主張の対立は、早期教育の問題、活動や体験学習と知的教育のあり方など、現在の教育的状況にも適用できる論点を含んでいると考えられる。

　また、ルソーは「子どもの発見」者として知られる。『エミール』の序文で、「人は子どもというものを理解していない。それについて誤った観念をもっているので、これをふまえて前に進めば進むほど、道に迷ってしまう。(中略) 大人は、いつも子どものなかに大人をさがし求めて、大人になるまえの子どもがなにものかを考えない」(同上：18) と述べ、子どもの視点で教育を考えようとした。『エミール』は、貴族の子どもの教育論として書き始められたが、当時の家庭教師からの過剰な教育に苦しむ子どもを擁護し、子どもの発達に即した教育を強調した書となっている。

3) ペスタロッチ、フレーベル、ヘルバルト

　若き日の J. H. ペスタロッチ (Pestalozzi, Johann Heinrich 1746-1827) は、ルソーの『エミール』に熱中したことを、その晩年の著作である『白鳥の歌』(1826) のなかで、「彼の『エミール』が出るや否や、私のひどく非実際的な空想精神は、この同じようにひどく非実際的な空想の書から強い感動を受

けた」(ペスタロッチ 1974：197) と回想している。しかし、机上において教育の理想、原理を追求したルソーとは対照的に、ペスタロッチは各地で教育経営、実践に取り組む過程で現実に即した教育観を形成した。

　ペスタロッチは、20代前半でチューリッヒ郊外に土地を求め、ノイホーフと名づけて農場経営を行った。そして恵まれない子どもを集めて学校経営に着手した。いずれも長続きせず失敗に終わるが、失意のなかで彼は、『隠者の夕暮』(1780)、『立法と嬰児殺し』(1783)、『リーンハルトとゲルトルート』(1781-1787) などを著した。『隠者の夕暮』の冒頭は、「玉座の上にあっても木の葉の屋根の蔭に住まっても同じ人間、その本質からみた人間、一体彼は何であるか」(ペスタロッチ 1993：7) という一文から始まる。人間は平等であるとの確信の下に、身分や貧富にかかわりなくすべての人間に共通する本質的なものを問うたのである。

　以後、ペスタロッチはシュタンツで孤児院を経営し、またブルクドルフやイヴェルドンなどで教育経営に当たった。彼はこうした教育実践や多くの書の刊行を通じて、知性、心情、技術の3つの能力の調和の取れた人間形成が社会の改革につながるという信念を深めていった。

　ペスタロッチは、家庭の「居間」の教育を重視する。すなわち、母と子の「居間」における団欒のなかに上述の3つの能力の発達の萌芽があるとする。まさに「生活が陶冶する」と考えたのである。「居間」の教育の長所はそのまま学校教育の理想でもある。『シュタンツだより』(1799) には、「家庭教育のもつ長所は、学校教育によって模倣されなければならない」(同上：54) という表現もある。

　また、ペスタロッチは子どものもつ直観力に着目し、直観力がすべての認識の基礎であり、その教育が文字や言語による教育より効果が高いとする「直観教授」を重視した。感性と知性が一体となって直観を深化させることにより、徳性をも高めていくと考えたのである。

　彼は、教育方法として「直観教授」のほかにも、労作や助教制も試みて

いる。多数の子どもを効率的に教授する工夫を重ねたペスタロッチの学園には多くの教育者が訪れていた。次に言及するF. W. A. フレーベル（Fröbel, Friedrich Wilhelm August 1782-1852）やJ. F. ヘルバルト（Herbart, Johann Friedrich 1776-1841）もそうした訪問者のひとりである。

フレーベルは、20代半ばの頃3人のこどもの家庭教師をしていたが、その3人の子どもとともに、当時イヴェルドンで学園を経営していたペスタロッチのもとを訪れ、長期にわたり滞在した。1816年にグリースハイムで学校を開設し、翌年カイルハウに移転、そこで小論文を次々に発表して評価を高めた。

彼は、『人間の教育』（1826）の冒頭で、「万物の中に、一つの永遠の法則があって、作用し、支配している」（フレーベル 1974：9）と述べている。子どものなかにも「永遠の法則」、すなわち「神性」が内在する。この「神性」をそのまま実現すること、発達させることが彼の教育の目的である。方法論としては、「決して命令的、規定的、干渉的であってはならない」（同上：14）として、子どもの自発的、能動的な活動すなわち自己活動を強調した。知識の伝達を主とする知育ではなく、労作や遊戯を重視したのである。彼は後年、幼児の遊具「恩物」を考案するが、神からの賜り物の意味をもつ「恩物」は教育方法としての自己活動の主張から必然的に考え出されたものといえるであろう。

また、1840年にブランケンブルクにある彼の教育諸施設を統合して、「一般ドイツ幼稚園」を開設した。以後、彼は幼児教育指導者の講習会など幼稚園教育の普及に没頭した。1844年には『母の歌と愛撫の歌』を著し、絵で描写される情景に遊戯、自然観察、宗教教育といった内容を盛り込み、子どもに内在する「神性」の実現に向けての具体的方法を世に示した。

ヘルバルトは、ペスタロッチのブルクドルフ時代、その学園を訪問した。そして『ペスタロッチの直観のABCの理念』（1802）をはじめペスタロッチについての論文などを著しており、若き日にペスタロッチの教育論から

深く影響を受けていた。

　彼は、その主著『一般教育学』(1806) の序論の冒頭で、「人が教育し、また教育を要求する際に何を望むかは、その人がもっている視野によって決まる」(ヘルバルト 1974：11) と述べ、教育は偶然に委ねられてはならず、教師の前もって形成されている視野やそれに基づく技術が大切であると強調した。また彼は、教育の目的を倫理学によって、方法を心理学によって基礎づけ、「学としての教育学」の体系化を試みた。そして教育目的としての道徳的品性の陶冶のために、多方興味の喚起を重視した。多方興味は厳密な教授の形式的段階 (明瞭・連合・系統・方法) を経ることによって達成されるとした。この教授の 4 段階が弟子の T. ツィラー (Ziller, Tuiskon 1817–1882) によって、分析・総合・連合・系統・方法の 5 段階となり、さらに W. ライン (Rein, Wilhelm 1847–1929) によって、予備・提示・比較・総括・応用の 5 段階に修正された。このヘルバルト派の五段階教授法は明治中期に日本に紹介され、義務教育における教育方法がまだ未成熟であった時代に広く受容されたのである。

探してみようキーワード

スパルタ教育　ソクラテス　問答法 (対話法)　プラトン　修道院学校
中世の大学　コメニウス　ロック　ルソー　ペスタロッチ　フレーベル
ヘルバルト

引用文献

コメニウス，J. A. (鈴木秀勇訳) 1974『世界教育学選集 24　大教授学 1』明治図書。
ロック，J. (梅崎光生訳) 1974『世界教育学選集 4　教育論』明治図書。
ルソー，J.-J. (今野一雄訳) 1999『エミール　上』岩波書店 (岩波文庫)。
ペスタロッチ，J. H. (佐藤正夫訳) 1974「白鳥の歌」、長田新編『ペスタロッチ全集　第 12 巻』平凡社、1–270 頁。
ペスタロッチ，J. H. (長田新訳) 1993『隠者の夕暮・シュタンツだより』岩波書店 (岩

波文庫)。

フレーベル，F. W. A.（岩崎次男訳）1974『世界教育学選集 9　人間の教育 1』明治図書。

ヘルバルト，J. F.（三枝孝弘訳）1974『世界教育学選集 13　一般教育学』明治図書。

さらなる学修のために　━━━━━━━━━━

プラトン（副島民雄訳）1974「メノン」、山本光雄編『プラトン全集 5』角川書店、297-372 頁。

ソクラテスに弟子のメノンが、「徳」は教授、訓練、素質のいずれによって身につけられるかを問うた対話が内容となっている。今日の学校における道徳教育のあり方を考えさせる書である。

ヴェルジェ，J.（大高順雄訳）1979『中世の大学』みすず書房。

12 世紀から 15 世紀までの大学の誕生からその変容を、教会、国家、社会などの外的環境との関連に言及しつつ検討している。大学について考察する時に示唆を与える書である。

ルソー，J. -J.（桑原武夫訳）2018『告白　上・中・下』岩波書店（岩波文庫）。

ルソーの波乱に富んだ人生を赤裸々に述べた自伝である。近代の教育、政治、文学など多方面に深い影響を与えたルソーの思想理解に役立つ書となっている。

第 5 章

西洋における教育の思想と歴史（2）
——国民教育制度の確立と新教育

・・・・・・・・・・・・・・・・・・・・・・・・・・・・・・・・・・・・・・

> **本章のつかみ**
>
> 　本章では、まず、近代公教育制度の思想的源流に着目しながら、19世紀後半以降に確立した国民教育制度の特質を整理する。次に、総じて「子ども」という存在への着眼から、国民教育制度へ反旗を翻した新教育運動の理念と実際について学修してみたい。

1　国民教育制度の確立

1）近代公教育の三原則

　文字どおり小さな子どもが、ある年齢を迎えると、「義務教育」という言葉に接しながら、「学校」と呼ばれる場所に通う、という光景は、本書を手に取り学修されている読者諸氏自身が、戦禍や迫害、貧困といった状況にないならば、現代においておよそ「日常」とされ、当り前のごとく語られることだろう。日本のどの町やどこの村に住んでいようとも、民衆一人ひとりが、経済的な貧富に関係なく、授業料を徴収されずに、学校に通うことができる。「公教育」という語を国語辞典で確認してみよう。「公的関与のもとに、広く国民に開放された教育」（『広辞苑（第7版）』岩波書店、2018年）、「国や地方自治体によって管理され、公的性格をもつ教育。私立学校もふくむ」（『三省堂国語辞典（第8版）』三省堂、2022年）とあり、いずれも、広く国民を対象とした学校において行われる「教育」が「公教育」とされる。法的にも教育基本法第6条に「法律に定める学校は、公の性質を有するも

の」と明記されている。冒頭でふれたような「日常」の源流は、遡ると、直近では第二次世界大戦後の「戦後教育改革」、より元を辿ると明治期における学校教育制度の成立過程に連なり、端的にそれは、西洋各国の学校教育に関する諸制度を模範とし、のみならず、積極的に摂取したものである。総じて、西洋の近代公教育制度成立（過程）の影響を強く受けていることは明らかであろう。ただし、「公教育は、しかし、一意的で明確な境界（定義）をもつわけではない」（「公教育」『教育思想事典（増補改訂版）』勁草書房、2017 年）とされることも留意しておきたい。「公」をどのように捉えるのか、近代の「国家」概念とは何かといった問題を含め、西洋近代における「公教育」の制度成立をめぐる諸相は、政治的、歴史的にそう単純なものではない。

　イギリスにおける名誉革命、そして、18 世紀後半に起きたアメリカ独立革命とフランス革命という近代市民革命により、それまでの身分制を廃止し、絶対的な封建社会を否定し、個人の（経済的）自由、法の下の平等を基盤とする「市民社会」が成立した。まさにそれら近代市民社会の原理を基盤としながら、各国において、公教育にかかわる制度が紆余曲折を経ながらも徐々に整備されていく。概して、公教育制度成立以前、宗教や階層等によるさまざまな学校が設置されていたが、公教育制度成立を迎えると、教会ではない「世俗」の国家により、国内のすべての人民に開かれ、就学を義務づけられることになる。

　18 世紀後半以降、欧米各国における近代公教育制度成立への展開がみられ始め、とりわけ 19 世紀後半以降には、富国強兵のための「国民」養成を主眼とした国民教育制度として整備され確立されたといえよう。近代公教育制度の成立過程をめぐっては、各国の歴史的社会的背景により要因や展開に大きな相違はあれども、19 世紀後半以降、学校教育において、「義務制」（全民就学）、「無償制」（授業料無償）、「世俗性」（宗教的中立性の確保、非宗派性）の原則が、近代公教育制度として成立をみた。これら「義務制」「無

償制」「世俗性」は「公教育の三原則」と呼ばれ、公教育の成立条件とされる。次に、近代公教育制度成立（過程）の思想的基盤を醸成した代表的人物をめぐって、公教育思想の萌芽として着目しておきたい。アメリカにおける独立革命期から 19 世紀半ば頃、そしてフランス革命期に活躍した人物たちである。

2）近代公教育思想の萌芽（1）——アメリカ独立革命期とその後

　アメリカ独立革命期において、人民主権や基本的人権を高らかに謳った 1776 年の「独立宣言」を基底にしながら、「民主主義」の実現のために、やがて未来を担う子どもの「教育」に期待しながら、公教育制度の整備が推進された。「独立宣言」の起草者であり、第 3 代大統領の T. ジェファソン（Jefferson, Thomas 1743-1826）がヴァージニア州知事時代の 1779 年に公にした「知識の一般的普及に関する法案」（Bill for the More General Diffusion of Knowledge）、さらには「ヴァージニア州覚え書き」（Notes on the State of Virginia）等、紆余曲折を経ながらも、彼は、公教育にかかわる公立学校教育制度の成立に努めた。「ヴァージニア州覚え書き」においてジェファソンは、「すべての子どもたちを三年間この学校に無償で就学させる権利を有し」（ジェファーソン 1971：16）と明記した。宗教教育との分離を提案する文言も読み取れる（同上：17）。概して、「民主主義」社会の実現を目指しながら、万人に対する初等教育制度の必要性を唱えたといえる。もっとも、このさい、ジェファソンが「黒人奴隷」を擁していたことは留意しておかねばなるまい。アメリカ独立革命期において、ジェファソンを含めた幾多の人物が、さまざまな地域から集まってきた人民一人ひとりにかかわる、身分なるものも階級も関係のない、新たな「民主主義」国家アメリカにおける公教育制度実現へ向けての構想を提示したのである。いずれも、教育機会の均等や、教育内容面において科学的（合理的）である点は共通する構想の内容といえよう。これらは、B. フランクリン（Franklin, Benjamin 1706-1790）が提案した中等教育における実学中心の理念等も、初等教育に直接

的にかかわる内容でないながらも、学校教育における宗教的中立性の流れに関連しているといえよう。『アメリカ独立期教育論』内「解説」において、独立革命期の「教育」をめぐり、訳者の真野宮雄・津布楽喜代治は、次のように記している。「無知は専制を生み、知識は自由を可能にする。政治的指導者をはじめ民間有識者たちは独立した若い共和国の勝利に想いをめぐらし、そこにおける教育のあるべき姿を構想した」(真野・津布楽 1971：168)。

　もっとも、公教育思想に基づく公教育制度の現実化には、いまだ時間を要した。やがて、ヨーロッパ (欧州) 各国において高揚し始めた公教育制度必要性の機運が、アメリカにも及ぶ。とはいえ、公費による負担や富裕層からの義務制への批判、また、特定の宗教教育をしないという「教育」への反対 (例えば、学校教育における宗教教育としてプロテスタントへの賛同、あるいはまた、公教育制度は無神論者を育成するとみなす宗教団体からの反対運動) は根強かった。そのようななか、19 世紀半ば、アメリカの政治家で奴隷制廃止論者であったマサチューセッツ州教育長 H. マン (Mann, Horace 1796-1859)、また、コネティカット州およびロード・アイランド州においては H. バーナード (Barnard, Henry 1811-1900) が、諦めることなく説得を行い、アメリカ公教育は制度成立へ前進する。1852 年マンの構想により、公立学校としてのコモン・スクール (Common School) が制度的に実現した。無宗派の (世俗的)、無償の義務制学校を原則とし、8 歳から 14 歳のすべての子どもを対象とし、やがて合衆国各州へ広まっていく。とはいえ、アメリカにおける近代公教育制度の「確立」は、南北戦争 (1861〜1865) 以降を待たねばならない。

3）近代公教育思想の萌芽（2）——フランス革命期

　1789 年 7 月 14 日、アメリカ独立革命に触発されながら、フランス革命が勃発する。1789 年 8 月 4 日、議会は、専制支配の君主制と身分制の旧制度 (アンシャン・レジーム：Ancien régime) の廃止を宣言し、同 8 月 26 日には

人権宣言（人間と市民の権利の宣言：Déclaration des droits de l' homme et du citoyen）が発せられ、人権の保障や、人間の自由と平等が宣明された。革命議会は、政治経済の重要課題とともに、「教育」に関する問題を積極的に審議し、抜本的な改革に取り組み、公教育の制度化に向けた整備を進めていった。身分性等の絶対的な理不尽を否定した革命は、人間の「理性」を重んじるフランス啓蒙思想に支えられながら進展したが、新たな社会のすがたをめぐり鋭い対立も生じた。概して、商工業者等による比較的富裕な上層ブルジョワジーを代表するジロンド派と、プチ・ブル、経済的に貧困な農民や手工業者等を代表するジャコバン派（山岳派）の間で苛烈な争いが起こった。そして、公教育（制度）の構想をめぐっても例外ではなかった。

　そのような状況の下、さまざまな教育改革法案が議会に提出されるなかで、特色ある公教育計画を提示したのが、啓蒙思想家でもあるジロンド派の哲学者コンドルセ（Condorcet, Marie Jean Antoine Nicolas de Caritat, marquis de 1743-1794）である。コンドルセが中心となり「公教育の一般組織に関する報告および法案」（Rapport et projet de décret sur l' organisation Générale de l' instruction publique）が議会に提出された。通称コンドルセ案と呼称されるこの報告論文は、自ら創刊した政治雑誌上に発表された「公教育に関する5つの覚え書き」（Cinq mémoires sur l' instruction publique）とともに、コンドルセの公教育思想を顕著に表す内容である。「公教育に関する5つの覚え書き」の具体的文言をみてみよう。「5つ」とは、「公教育の本質と目的」「児童教育論」「成人教育論」「職業教育論」「科学教育論」であるが、ここでは「第1編」である「公教育の本質と目的」に着目してみたい。「公教育は人民に対する社会の義務である」（コンドルセ 1971：9）、「公権力は、知育のみを規定することとし、残余の教育はこれを家庭にゆだねるべきである」（同上：36）、「知育は男女両性に対して同一であるということは、いかなるものもこれを妨げることはできないのである」（同上：45）。コンドルセ

案も含め彼の公教育思想は、すべての子どもの教育を受ける機会を保障し、初等教育から高等教育までの単線型の学校制度、無償制、共学とした。ただし、就学の強制を課すことは控えられている。国家が提供した教育機会は、国民の権利であり義務ではないとコンドルセは考えたからである。そして、教育内容を知育に限定した。「学ぶ（内容の）自由」、教会から解放された「教える自由」が主張されながら、公教育においては、人間の理性に信頼を置き、科学的知識による知育中心とし、徳育は家庭教育に委ねられるべきである。親の教育権や個人の自由の問題としても、政治的、宗教的な中立性が守られるべきと考えたからである。

　左派ブルジョワジーの思想を反映し、いわば自由主義を重んじたコンドルセに対し、ジャコバン派の法律家ルペルシェ（Lepeletier, Louis-Michel, marquis de Saint-Fargeau 1760-1793）は、徳育は公教育が行うべきであり、統制主義的な就学の強制を主張し、比較的にいわば平等主義を重んじたため、両者間での熾烈な対立が生じた。ただ、公教育制度成立過程において、コンドルセとルペルシェ双方が提起した公教育をめぐる各々の主題は、いずれもが、少なくとも、理想的な公教育制度とは何かを思考するうえで、現代において色褪せない諸課題であるとも考えられよう。やがてフランスでは、コンドルセの公教育思想を主軸に制度整備が行われ、公教育大臣 J. フェリー（Ferry, Jules 1832-1893）による、1881〜1882 年のフェリー法制定により、初等教育の無償化、義務化、宗教教育を排除した世俗性に基づく、万人に平等な近代公教育制度が成立したのである。

4）国民教育制度の確立

　先にふれたように、19 世紀後半を迎え、西洋各国では国民教育制度が確立する。ここでの"国民教育制度確立"とは、（公教育制度形成の流れにあって）"近代公教育制度成立"と同様の内容を指すものであり、義務教育制度成立や初等教育制度成立とも言い換えられるが、19 世紀後半という時期における、富国強兵の国策に沿う「国民」養成を目的とした「国民教育」の

制度的確立という文脈により、本章では"国民教育制度確立"と記す。近代市民社会の国民国家は、絶対主義の支配的な君主制を否定することで形成されたわけであるから、その点を踏まえたうえで、直前でみた19世紀後半以降の「国民国家」の特質を含み込み、「国民教育」の制度的確立としてみることになる。このことは、例えば、フランス革命以降の「国民国家の出現」に関する今井康雄の指摘に連なる。「人権の保障と、そのために必要な国民の形成をめざして、公教育の制度が国民国家の枠内で整備され」（今井 2009：144-145）、「公教育を通して、国民の文化的なまとまり（たとえば「国語」）が国民国家によって事後的につくりだされていくのである（これが国家単位のナショナリズムを生み、後の歴史に災厄をもたらすことにもなる）」（同上：145）。

　当時の西洋各国における学校制度整備過程において、アメリカを除くヨーロッパにおいては、当初、学校教育制度は社会構造を反映した複線型であった。入学する学校が、上層階級と民衆の子どもでは異なっていたのである。温度差はあれど、各国とも概して、徐々に単線型の公教育制度整備に向かうことになる。

　成立していく近代公教育制度は、身分や階級等にかかわりなく、すべての国民に学ぶ権利を保障したが、19世紀後半以降、欧米列強と呼ばれるようになった各国は、総じて、ナショナリズムが高揚し、領土拡張へ向けた戦争準備としての愛国心の鼓舞といったように、富国強兵政策のための国民意識の一体化を目指した「国民教育」の制度であった。つまり、民主主義的な思想の浸透と制度形成をみながらも、各国においてナショナリズムが支配することになった。同時に、経済的、軍事的な国力増大を支えるための労働力が必要となり、公教育制度は国家政策に従順な「国民」養成の役割を担った。資本主義の発展に応じた「教育」である。イギリスでは産業革命以降、資本家による労働者の酷使、それに伴う労働者階級の経済的貧困が一般化する。そのような状況下、子どもが工場労働に駆り立てられ

たが、工場法制定や慈善学校、R. オウエン（Owen, Robert 1771–1858）による性格形成学院（Institute for the Formation of Character）創設のような児童労働からの解放が模索されながらも、学校教育においては、A. ベル（Bell, Andrew 1753–1832）と J. ランカスター（Lancaster, Joseph 1778–1838）により、多数の子どもを教化する助教制（モニトリアル・システム：Monitorial System）という教育方法（教授法）が考案された。ベル＝ランカスター方式とも呼ばれ、同一の教育内容を、画一的かつ効率的に子どもへ一斉に教授する画期的な教育方法と考えられた。国民教育制度の確立期に至り、一斉教授の教育方法は学校教育において重宝されることになる。子どもに対し、国民国家の国家政策を反映した同一の教育内容を、機械的、効率的に教え込むことが可能と考えられたからである。そして、1870 年代から 1880 年代を迎える頃には「近代公教育の三原則」がほぼ完成し、おしなべて、19 世紀後半から 20 世紀初頭にかけて国民教育制度が確立するのである。

2　新教育運動の理念

1）新教育の教育思想史的背景

　すでにみたように、国民教育制度確立は、国策に従順な「国民」の養成を主たる目的とし、国民意識の一体化を図るものであった。アジアやアフリカ諸地域への対外侵略による領土拡張に顕著な、欧米列強の勢力的拡大に、公教育の国民教育制度が最大限利用されたといえる。もちろん、「近代公教育の三原則」実現の過程のなかで、理念的には、教育の機会均等といった民主化の側面をそこに捉えることもできる。つまり、万人に対する普通教育という全民就学は、学校教育の民主化を促したわけで、ついに、ジェファソンや続くマン、あるいはコンドルセの描いた公教育の理念がおよそ現実のものとなった、ということである。主として学校教育の機会均等を促進したという点に限ってみれば、いわゆる民主主義的な理念の開花がそこに期待されたといえよう。

だが、当時の学校教育の実態に目を向けてみると、旧態依然としたすが
たばかりであった。学校教育の教育内容は、前近代的な言語中心、書物中
心や古典中心主義の主知主義であり、教育方法は、（何よりも教科を中心とし
ながらの）一斉教授による画一主義、注入主義がごく当然のすがたであった。
いわば暗記主義も当然のこととされた。また、学校空間において、教員か
ら子どもに向けた一方向的な指示、指導や命令に終始し、「教師」中心の
教育的関係が支配的だった。現代であればおよそ珍しくない、子どもの
「個性」についてなぞ、語られる余地すらなかったといって過言ではない。
確立した国民教育制度のこのような状況に対し、早速、さまざまな疑問が
呈され、反旗が翻され始める。彼・彼女らは、旧来型でしかない国民教育
制度の学校教育を「旧教育」と呼び、批判を展開し始める。それらは、い
たずらな観念的問いかけにとどまることなく、実際の現状改革に乗り出し
た意欲的な人間たちによる、幾多の新しい試みであった。子どもという人
間の、身体的、精神的、内面的な問題にかかわる、自主性や個別性に目を
向けたのである。彼・彼女らこそ、「新教育」の語で表される理論家や実践
者たちであり、19世紀末から20世紀前半（主として1890年代から1920年代）
にかけての30年ほどの間、欧米各国そして日本における教育改革運動と
して広範な展開をみた。この教育改革運動全体を指して「新教育運動」
（New Education Movement）という。
　一大改革運動として隆盛した「新教育」は、教育という営みにおける
「子ども」（にかかわる問題）へ着目する。「旧教育」たる国民教育制度では、
教室を中心とした学校空間において、教員が子どもを一方向的に管理し、
規律を強制しており、そのような状況から子どもを解放するべきと考えら
れた。それは総じて、子どもの興味・関心に着目し、子どもの自発性や活
動を尊重しようとする動向として現れた。「旧教育」の伝統的教育は批判
された。つまり、「新教育」は、教育内容における書物中心や言語中心の主
知主義、教育方法における画一主義、子どもと教員（大人）との教育的関係

における教師中心主義を批判し、新しい理念や試みの模索のなかで、子どもの自発的活動の尊重が唱えられた。連ねて、子どもの自由や創造性へもまなざしが向けられた。

　とはいえ、「新教育」の理論家・実践者たちは、やみくもに試みを行ったわけではない。少なくとも、子どもの興味・関心への着目、子どもの自発性や活動の尊重という考え方捉え方は、その源流を西洋教育思潮の史的展開に見出していた。例えば、人間の善性を信頼することで子どもの内面の自然性を尊重した思想家 J. –J. ルソー（Rousseau, Jean-Jacques 1712-1778）をはじめ、その系譜に位置づけられる実践者 J. H. ペスタロッチ（Pestalozzi, Johann Heinrich 1746-1827）やキンダーガルテン（幼稚園）〔子どもたちの庭〕（「一般ドイツ幼稚園」）の創設者 F. W. A. フレーベル（Fröbel, Friedrich Wilhelm August 1782-1852）、あるいは、とりわけ子どもの活動に関し、タブラ・ラサ（ラーサ）（Tabula Rasa）を思想的基盤としたイギリス経験論 J. ロック（Locke, John 1632-1704）の名も挙げられよう。そのうえで、多くの理論化・実践者たちは、ルソー的な捉え方にとどまらず、子どもの「教育」にかかわる問題を「科学的」に捉えようとしたといえよう。

2）新教育運動の理念的共通項

　新教育運動は、「児童（子ども）中心教育」（Child-centered Education）、「児童（子ども）から」（vom Kinde aus）といったスローガンとともに隆盛した。国民教育制度の主知主義、画一主義、教師中心主義への批判、そして、子どもの「興味・関心」「自由」「自発性」「活動性」「創造性」への着目や尊重は、「旧教育」への革新的な挑戦による児童解放運動であり、学校教育の人間化と民主化が志向された。学校教育改革（革新）運動である新教育運動は、その指導的理念として、おおむね以下の４つを教育思想的特徴として挙げることができよう。このさい、「おおむね」とするには理由がある。後にみる新教育運動の実際にあって、各々の理論家・実践者の理想や、彼・彼女らの活躍した欧米各国各地域の歴史的社会的背景は実にさまざま

であり、概念をめぐる温度差がみられるからである。その意味から、互いの理念が影響を及ぼし合いながら運動が前進した、といえよう。

(1) 児童中心主義

新教育運動を推進した理論家・実践者たち全体に共通する中核的概念であり、(当時の) 学校教育における書物中心の教科中心主義、注入主義、教師中心主義に対し、子どもの善性を信頼しながら、子どもの「興味・関心」「自由」「自発性」「活動性」「創造性」を尊重する概念である。子どもの (いわゆる) 個性尊重も含まれてくる。

(2) 全 人 主 義

知識の教授を中心とした学校教育における主知主義に対し、知・徳・体の全面的かつ調和的な発達を促すことを目指した概念である。学校教育において人間の感性や徳性を重視する。

(3) 活動主義や労作主義

学校教育における言語中心の書物主義や、教員からの一方向的な知識の注入主義に対し、子どもの身体的活動を重視する概念である。身体的活動は子ども一人ひとりの感覚器官と切り離せない。総じて子どもの体験や、(いわゆる) 主体的活動や自主的活動が重視され、場所は教室にとどまらない。類似する概念として、労作 (Arbeit) (主義) の語で呼称される場合 (人物・地域) がある。

(4) 生活中心主義

学校教育における暗記中心の知識習得に対し、子ども自身が、日常生活において、周りの人間や事象とかかわり合いながら、民主的に、互いが成長していくことを重視する概念である。子どもが参加する「自治」活動は好例である。

3 新教育運動の実際（1）──ヨーロッパ（欧州）

1）イギリス（UK）

　世界で最初の新学校（New School）は、1889 年、イングランド北西部の田園地帯に 16 名の生徒をもって誕生した。アボッツホルム・スクール（Abbotsholme School）という。満 11 歳から 18 歳までの男子を対象とした中等教育の寄宿学校である。創設者 C. レディ（Reddie, Cecil 1858-1932）は、イギリスのパブリック・スクールにおける、主要科目たるラテン語やギリシア語の教授をはじめとした古典中心主義の前近代性と決別し、「近代的科学精神に基づき、現代生活に適応した高尚なイギリス人を陶冶」するために、新規の教育課程に、現代フランス語やドイツ語といった外国語や、自然科学、数学、理科を組み入れた。同時に、芋掘りや農耕等、手作業の活動主義を取り入れ、近代産業社会の実際的生活と乖離しない職業人養成を志向した。フットボールや漕艇も行われた。新たに教育内容の領域を設定し、「身体的・手工的」「芸術的・想像的」「文学的・知識的」「道徳的・宗教的」とした。このような職業志向的な教科内容、活動主義や生活経験主義により、イギリスにおける伝統的中等教育に真っ向から挑戦したレディは、まさに新教育運動の幕開けにふさわしい教育革新の役割を果たしたといえるが、男子限定の全寮制（寄宿学校）であった点にわかりやすいように、民衆一人ひとりに開かれるまでには至らなかった。

　次いで、レディの学校に奉職していた J. H. バドレー（Badley, John Hadem 1865-1967）も、イギリスにおける今ひとつの先駆的な新学校といえる、ビデールズ・スクール（Bedales School）を 1893 年に開く。新学校の理念を宣明した彼の『新学校の理想』のなかでも「男女共学」（バドレー 1984：90-102）と明示されているように、男女共学による寄宿学校として、さらなる改革を展開した。そして、イギリスのみならず、新教育運動の史的展開を俯瞰するなかで、いわば「最自由」と評される人物、A. S. ニイル（Neill,

Alexander Sutherland 1883-1973）を挙げておくことは適切だろう。およそ教育活動全般にわたりレディやバドレーよりも急進的とされるニイルは、サマーヒル・スクール（Summerhill School）を創設する。前身であるドイツ・ヘレラウでの国際学校を含め 1921 年に新学校を開校した。子どもの授業出席の自由や「自治」を重視した。自治会の運営は、子どももニイルも 1 票を投じる直接民主的方法であった。ニイルは、『学校においては知識よりも感情』（Hearts Not Heads in the School）とのタイトルからうかがえるように、抑圧された子どもの感情の解放を主張する。学校教育における教員という大人の、およそ権威主義的一切からの解放を試みた。ニイルは伝統的な学校教育体制を批判するのみならず、それと連なる当時の社会状況に対しても鋭い批判のまなざしを向けた。晩年を迎えても「今日の世界は憎悪と殺戮でいっぱいだ」（Neill 1967：111）と述べるように、政治的イデオロギーによらない反戦の姿勢は、学校創設時から一貫した社会批判的視点のひとつといえよう。

　このようなイギリスの新教育運動は、1921 年から 1922 年に『すべての国民に中等教育を』（Secondary Education for All）を著したとされる R. H. トウニイ（Tawney, Richard Henry 1880-1962）が、初等教育と中等教育の連続として、単線型の学校教育制度を提起したことも、改革運動の一環として、あるいは少なくとも、運動を支える要素として見逃さずにおきたい。

2）ド イ ツ

　すでに英語でみた「新教育」は、ドイツ（語）では改革教育学（Reformpädagogik）と呼ばれる（ドイツの新教育運動は、改革教育〔学〕運動といわれる）。ヨーロッパ各国においてドイツの新教育運動は、最も活発な進展をみた。当時のドイツは、資本主義的発達という観点からすれば、ヨーロッパ各国に比べ相対的な（いわゆる）遅れをみていたとされる。それゆえ「新教育」にあっても、到来した資本主義の産業社会に資する「教育」への志向が少なからずみられたが、そのような状況のなかで、学校教育における

子どもの興味・関心、自発的活動の尊重が模索されたといえよう。

　イギリスの新学校アボッツホルム・スクールにて、レディのもとで教員生活を送った H. リーツ（Lietz, Hermann 1868-1919）は、1898 年、イルゼンブルグに初等教育学校（下級学校）を最初に創設した。学校名を田園教育舎（ラントエアツィーウンクスハイム：Landerziehungsheime）と称した。ドイツ立憲君主制下でのエリートたる公民育成を目指し、都市部から離れた田園地帯に開校した。「田園教育」と正面から銘打ったこの言葉は、「都市」（Stadt）ではなく「田園」（Land）、「授業」（Unterricht）ではなく「教育」（Erziehung）といったリーツの「教育思想」がわかりやすく反映されていよう。新教育運動の史的展開において、19 世紀末以降の、レディも含めた田園教育舎運動というくくりで眺めてみるならば、ドイツに限らない田園教育舎系新教育の系譜としてもリーツは位置づけられ、彼に続き、G. ヴェイネケン（Wyneken, Gustav 1875-1964）、さらには「自由」「自治」「寛容」を掲げる新学校を設立した P. ゲヘープ（Geheeb, Paul 1870-1961）も記憶に残されてこよう。

　田園教育舎でリーツは労作活動（労作主義）を重視し、木工や金工、園芸、農耕や飼育等が実践された。彼にとって新学校の課題は、身体的陶冶と精神的陶冶の統一を遂げることにあったからである。いずれの学習活動も、子どもどうしが協同的に臨み、それにより社会的連帯意識の精神を育む。「ドイツ田園教育舎は、国民全体のための学校改革に寄与するべく設立されたのである」（リーツ 1985：100）というリーツから明らかなように、国家社会の一員たる実際的社会人の養成が図られた。そして、そのさいの人間教育は、精神的、技術的、情緒的にも円満に発達した「全人」（der ganze Mensch）を理想とするものであった。

　「新教育」を支える主要概念のひとつである労作主義を、リーツの具体的教育方法として示したが、ドイツにおいて中心的役割を果たし理論化したのは、G. M. A. ケルシェンシュタイナー（Kerschensteiner, Georg Michael

Anton 1854-1932）である。1908 年、「ペスタロッチの精神」を活かす内容を掲げたチューリッヒでの講演において、「労作学校」という語をはじめて明言した。ケルシェンシュタイナーにおける「労作」（教育）は、「手仕事」（ケルシェンシュタイナー 1965：87）に顕著な、身体的活動による子どもの自発的活動を重視した。ケルシェンシュタイナーにとってそれは、人間の個性化と社会化を期待するものであり、人格の陶冶、また、公立学校の喫緊の第一課題を彼は職業陶冶の必要性にみており、連ねて、（善良な）世界市民育成を目標とした公民教育が目指された。ケルシェンシュタイナーはペスタロッチを敬愛していた。彼による名言「生活が陶冶する」との理念を活かし、「労作教育」の構想を理論化したといえよう。

　田園教育舎系新教育の系譜が広がりをみせた要因に関し、19 世紀末から20 世紀はじめにかけてのドイツの時代状況に連ね、山名淳が次のように明察している。「社会問題の集積した場としての意味合いを帯びた『大都市』の対蹠物として『田園』のユートピア性が強調された時代であったからであり、そのような時代状況が教育改革の要請と結びついて『田園』型寄宿制学校を正当化する論理の形成を促し、多くの人々をその設立へと駆り立て、それによって、この種の学校が少なからず教育学的地勢図において占める領域を拡大させたからである」（山名 2000：1）。そしてドイツでは、田園教育舎以外にも、神秘思想家 R. シュタイナー（Steiner, Rudolf 1861-1925）の自由ヴァルドルフ学校、また、野外活動を行う青年運動としての、「ヴァンダーフォーゲル」（渡り鳥：Wandervogel）運動や「自由ドイツ青年運動」（Frei-Deutsche Jugendbewegung）、あるいは、P. G. ナトルプ（Natorp, Paul Gerhard 1854-1924）の『社会的教育学』（*Sozialpädagogik*）における理論構築や、学校制度全体にかかわる統一学校運動（Einheitsschulbewegung）も含め、多種多様な教育改革（運動）が展開された。ただ、とりわけドイツにおける青年運動のその後の流れのなかには、ナチスによる国家主義（全体主義）教育体制に連なる性質が指摘できることを看過してはなるまい。

3）フランス

　フランスにおける最初の新学校は、1899年、急進的な社会学者であるE.
ドモラン（Demolins, Edmond 1852-1907）が、パリ郊外に創設したロッシュの
学校（École des Roches）である。すでにレディと面識をもっていたドモラン
は、彼のアボッツホルム・スクールやビデールズ・スクールのようなイギ
リスの新学校をモデルとし、フランスの伝統的中等教育機関コレージュ
（collège）やリセ（lycée）で一般的であった古典中心主義の書物主義に反対
し、「生活のためにじゅうぶんに武装された人間」（L' homme bien armé pour
la vie）をスローガンに、労作主義と生活共同主義を基盤とした。教育内容
に、外国語、機械学、工学、商業といった近代的な実用的教科の導入、ス
ポーツの推進とともに、寄宿学校での自治により協調性が期待され、「人
間生活そのもの」を学ぶことが理想とされた。なお、概念的な「新教育」
という語は、1898年にドモランが著した同名タイトル『新教育』（L'
Éducation nouvelle）として、最初に用いられたのではないかとされてい
る。

　また、フランスの新教育運動に着目するなかで、「革命的教育家にして
教育的革命家」と称されたC. フレネ（Freinet, Célestin 1896-1966）を見逃す
わけにはいかない。手動式の印刷機を学校に導入し、「学校印刷」による
学習活動を提唱した。「書物中心の教育に対して、学校に印刷機を」（フレ
ネ 1986：122）、「教科書を離れて、生徒たちが生きるようにさせよう」（同
上：124）とはフレネの言葉である。「自由テキスト」を基礎とした学習とし
て、内容選定から執筆、印刷まで、子ども自身が行うのである。いわばフ
レネ教育思想の根幹を象徴する「自由テキスト」は、子どもの自由に由来
する自主的、創造的な活動（労作）を尊重したと整理されよう。「自由テキ
スト」は後に学校新聞として発展していった。そして、このように子ども
の生活を重視したフレネには、いわば上層階級の子弟を対象とした教育改
革にとどまったドモランとは異なり、多くの民衆の労働と生活に目を向け

ながらの「民主的」な側面が指摘できよう。

4）ヨーロッパその他と周辺

　ヨーロッパの新教育運動は、みてきた各国以外においても隆盛をみた。イタリアでは、医学や実験心理学を基礎とした M. モンテッソーリ（Montessori, Maria 1870-1952）が活躍する。イタリアで最初の女性医学博士であるモンテッソーリは、医学を志す過程で、「女性」であることによる差別的扱いに遭い数々の苦難を経験したが、フランスの先輩医師 J. M. G. イタール（Itard, Jean Marc Gaspard 1774-1838）や E. セガン（Séguin, Édouard 1812-1880）の研究・学説に影響を受け、当初、知的障害児への（いわゆる）教育的治療に接し、独自の感覚教育の原理を確立するに至る。1907 年、ローマに 3 歳から 7 歳までの幼児（児童）のための施設「子どもの家」（Casa dei Bambini）を創設し、「自由」「環境整備」「感覚錬磨」の 3 つの方法原理を提唱した。また、ベルギーにおいては、モンテッソーリと同じく医師の J. -O. ドクロリー（Decroly, Jean-Ovide 1871-1932）が登場し、初等教育改革の原動力となった。あるいは、ヨーロッパ周辺として、ロシアでは帝政末期（からソヴィエト革命政府樹立期頃まで）に「新教育」の機運が短期間ながらも生じ、概して雑誌『自由主義教育』（*Свободное Воспитание*）を中心に展開された。

　以上のように、ヨーロッパの新教育運動をみてきたが、「新教育」を中心的に彩った主要概念のひとつ「児童中心主義」に関連し、最後に付言しておきたい。20 世紀を目前に控えた 1900 年、スウェーデンの女性解放運動家 E. K. S. ケイ（Key, Ellen Karolina Sofia 1849-1926）が、20 世紀は子どもの時代であるよう願い『児童の世紀』（*The Century of the Child*）を執筆した。まさに、「児童中心主義」を象徴したタイトルである。しかしながら、ケイの言説には優生思想が垣間見られることが否めない。あらためて、対外拡張に猛進する欧米列強の国家政策と新教育運動の理念や思想を丁寧に眺めてみる必要があるのではないだろうか。

4 新教育運動の実際 (2) ——アメリカ

1) アメリカの新教育運動概要

　19世紀後半は世界の主要国において、科学技術の急速な発展、産業革命のさらなる進展、そして国家的威信の発揚といった変動の時代であり、その社会が必要とする知識、技術を習得した人材の確保が急務となっていた。こうして各国において国民教育制度が促進された。したがって学校における教育課程は、時代と社会の要請から編成される知識の体系や教材の論理が重視され、教育方法は教師中心の画一的な方法を特徴としていた。しかし、アメリカでも教える側の論理よりも子どもの興味・関心を重視し、自発的活動を尊重する新教育運動が展開された。アメリカにおける新教育の先駆的な運動としては、1860年代から1870年代にかけて最盛期を迎えたオスウィーゴー運動や、1875年から始まるクインシー運動が知られている。

　オスウィーゴー運動はニューヨーク州オスウィーゴーの教育長であったE. A. シェルドン (Sheldon, Edward Austin 1823-1897) によってペスタロッチの教育理論・方法の普及を目指して展開された。また、クインシー運動はマサチューセッツ州クインシーの教育長であり、フレーベルの教育思想の影響を受けたF. W. パーカー (Parker, Francis Wayland 1837-1902) が主導した。

　アメリカにペスタロッチ、フレーベル、ヘルバルトなどの教育思想が流入し、新教育運動の実践が周知されてきた1890年代に教育の理論と実践に関心を寄せたのが、J. デューイ (Dewey, John 1859-1952) である。哲学研究者として実績を重ねていたデューイは、1894年にシカゴ大学の哲学・心理学・教育学の主任教授として赴任した。そして彼は、教育理論を検証するための「実験室」として1896年に付属実験学校を開設した。3年後その学校における3年間の成果を講演したが、それをまとめた書が『学校と社会』(1899) である。

2）デューイの教育観

　デューイはその書で、学校は社会の進展に対応した内容や方法を展開すべきであることを強調した。すなわち当時のアメリカはようやく産業革命の終わりの時期にあり、生産や労働の場が家庭や近隣社会から工場に移されていった時代である。産業上で起きているこうした変化は、子どもがそれまでの時代に学校外の日常生活で得られた、人間が生きるために必要とする知識や技術を学ぶ機会を減少させ、さまざまな作業に参加するなかでの秩序や勤勉の習慣、責任や義務の観念といった性格形成の機会を失わせていた。

　デューイは、こうした社会で起きている変化とは無関係に学校が旧態依然たる「読み書き算」を中心とした、子どもに受動的な態度を強いる授業を展開していることを批判し、子どもの学校外での生活で失われている生きる力を形成する機会を学校教育が提供すべきだとして、教育の内容や方法に作業活動 Occupation を取り入れた。実験学校における作業活動は、その時代までの社会が担っていた教育機能を、新たな時代の学校教育においていかに取り戻すか、という課題をもっていたのである。そしてデューイは「子どもたちは活動する瞬間、自らを個性化する。彼らは集団ではなくなり、きわめて独特な存在になる」（デューイ 1998：43）と述べ、「子どもたちを個々のものの集合体としてひとまとめに取り扱う」従来の教育すなわち「旧教育」を批判し、さらに「子どもが中心であり、この中心のまわりに諸々の営みが組織される」（同上：45）と宣言して子ども中心の学校教育のあり方を強調した。『学校と社会』は新教育運動の普及に貢献し、デューイは教育学の領域でも注目を集めたのである。なお、デューイは1904年にシカゴ大学を去ってコロンビア大学に移り、多くの著作を残した。

　デューイは1916年に教育学的主著『民主主義と教育』を著し、教育を経験の再構成、再組織と定義した。その書の書き出しは、生物と無生物の差異の説明から始まる。両者の著しい差異は、無生物は自分では環境を変え

ないが、生物は更新 Renewal によって自己を維持することにある。すなわち生物は生存している限り、自己自身のために周囲のエネルギーを利用しようと努める。デューイの経験概念はこのような生物としての人間の能動性を根拠として成立する概念である。すなわち彼によれば、経験は、人間が何らかの対象に働きかけ、その反作用としての何らかの意味ある結果を被ることで成立する。行為の結果として意味が付け加わることが重要である。『民主主義と教育』における教育の定義はこのような経験概念を踏まえて、「教育とは経験の意味を付加し、その後の経験の進路を方向づける能力を高めるように経験を再構成、再組織することである」（デューイ 1988：127）となっている。経験の再構成、再組織の連続は不断に自己を更新する過程であり、成長とほぼ同義である。したがって、デューイにおいては教育の目的は「より教育」「より成長」とされるのである。

　『学校と社会』や『民主主義と教育』が刊行されて、すでに1世紀以上が経過しているが、それらの書で示された学校と社会の連続、直接的な体験や活動の重視、個性の尊重といった考え方は、科学技術、情報技術の高度化が進み、効率主義が重視される現在の日本の学校教育について、そのあり方を考察するうえで今なお多くの示唆を与えている。

　アメリカでは、新教育運動の実績を踏まえて1919年に進歩主義教育協会が設立された。1920年代から1930年代のアメリカ社会の変化に対応して、子どもの個性を尊重するという個人主義的な側面を重視しつつも、社会的協同や社会改善をねらいとする市民教育も視野に入れた多くの実践が試みられた。W. H. キルパトリック（Kilpatrick, William Heard 1871-1965）による目的→計画→遂行→判断という学習展開のプロジェクト・メソッドやウィネトカ・プラン、ドルトン・プランなどが知られている。

引用文献

今井康雄 2009「古典的人間形成論」、今井康雄編『教育思想史』有斐閣、143-163頁。

ケルシェンシュタイナー，G. M. A.（東岸克好訳）1965『労作学校の概念（世界教育宝典）』玉川大学出版部。

コンドルセ，M.（松島鈞訳）1971『世界教育学選集23　公教育の原理』明治図書。

ジェファーソン，T.（真野宮雄訳）1971「ジェファーソンの国民教育制度案」、ジェファーソン，T.・ラッシュ，B.・コーラム，R. ほか（真野宮雄・津布楽喜代治訳）『世界教育学選集62　アメリカ独立期教育論』明治図書、9-44頁。

デューイ，J.（松野安男訳）1988『民主主義と教育　上』岩波書店（岩波文庫）。

デューイ，J.（宮原誠一訳）1998『学校と社会』岩波書店（岩波文庫）。

バドレー，J. H.（末藤美津子訳）1984『新学校の理想』明治図書。

フレネ，C.（宮ヶ谷徳三訳）1986『仕事の教育』明治図書。

真野宮雄・津布楽喜代治 1971「解説」、ジェファーソン，T.・ラッシュ，B.・コーラム，R. ほか（真野宮雄・津布楽喜代治訳）『世界教育学選集62　アメリカ独立期教育論』明治図書、168-188頁。

山名淳 2000『ドイツ田園教育舎研究――「田園」型寄宿制学校の秩序形成』風間書房。

リーツ，H.（川瀬邦臣訳）1985『田園教育舎の理想』明治図書。

Neill, A. S. 1967. *Talking of Summerhill.* London: Victor Gollancz.

さらなる学修のために

デューイ，J.（田中智志総監修）2018-『デューイ著作集』シリーズ、東京大学出版会。

2018年9月から刊行が続いている最新のデューイの翻訳である。シリーズは「哲学」と「教育」に分かれているが、各本に「解題」があり、現代において色褪せないデューイが新たに学べる。

ボイド，W.・ローソン，W.（国際新教育協会訳）1969『世界新教育史』玉川大学出版部。

　国際新教育協会（当時）により訳された「新教育」を中軸に据えた教育史として、「新教育」の具体例にもさまざまにふれられている。

眞壁宏幹編 2016『西洋教育思想史』慶應義塾大学出版会。

　西洋教育思想の歴史的展開について、既存の見方への批判的視点をも織り交ぜながら詳しく解説されている。

ラヴィッチ，D.（末藤美津子・宮本健市郎・佐藤隆之訳）2008『学校改革抗争の100年──20世紀アメリカ教育史』東信堂。

　アメリカの教育史家 D. ラヴィッチ（Ravitch, Diane 1938-）により著された、伝統的教育と進歩主義教育をあらためて問う浩瀚（こうかん）の書である。彼女の教育思想史上の立場を問わず、アメリカ教育史の学修に意味をもつ。

第 6 章

西洋における教育の思想と歴史（3）
——現代の教育思想

> **本章のつかみ**
>
> 　本章では、現代における教育思想として、イリッチ、フレイレ、およびフーコーに着目していく。いずれの思想家も、前章までの「教育の思想と歴史」にみてきた「近代教育（思想）」に対する批判的視点をもつ。学校（教育）とは何かをめぐり見つめ直す、ひとつの契機となるかもしれない。

1　イ リ ッ チ

　哲学者・文明批評家として知られる I. イリッチ（イリイチ）（Illich, Ivan 1926-2002）は、その透徹したまなざしで、近代社会に生きる私たちが直面する諸問題を鋭く指摘し続けてきた。イリッチは、病院・警察・監獄等の近代的諸制度にメスを入れ、それらがいかにして私たちの「生」を脅かしているのかということについて論じた。同時にその鋭い舌鋒は、教育という営みにも向けられていく。それが、「学校化論 Theory of Schooling」である。この思想的営為はとりわけ、近代社会のあり方や人々の生き方、生活様式に再考を促すとともに、近代における教育という営みについて考えるさいに示唆的な視点を提示するものである。

　イリッチは、1970 年代初頭、その著書『脱学校の社会』（*Deschooling Society*）（イリッチ 1977）において、近代的諸制度の下で生み出される行為・実践、そして人々の意識に通底する「学校化 Schooling」という問題につ

いて周到な議論を展開した。そのなかでイリッチは、学校教育制度をはじめとする近代的諸制度、すなわち、病院・監獄・交通機関・(マス) メディア等に疑いの目を向け、それらがもたらす「学校化」という現象に潜む問題について問い直しを試みたのである。

1) 学校化とは何か

　イリッチが「学校化」という概念によって捉えようとしたのは、人々が近代的諸制度に「依存」することによって、人間が本来有しているはずの「自律性」や「主体性」が喪われてゆくという問題状況であった。イリッチによれば、人々は「学校化」されることで、「医者から治療を受けさえすれば健康に注意しているかのように誤解し、同じようにして、社会福祉事業が社会生活の改善であるかのように、警察の保護が安全であるかのように (中略) あくせく働くこと自体が生産活動であるかのように誤解してしまう」(同上：13-14) のだという。

　「学校化」されるという事態は、言い換えると、人々が価値の代わりに制度によるサービスを受け入れるようになることを意味する (同上)。イリッチが問題視した近代的諸制度のひとつである学校は、このような「学校化」をもたらす装置のうち、最も影響力のあるものであるといえよう。なぜなら、国民皆学の制度を採用する国々では、ほとんどすべての人々が学校教育を経験し、そこで学校的に社会化され、学校が提供するサービスを受け入れることになるからである。「生徒たちの内面世界に、技能、能力、態度といったものを供給する制度化された事業」(イリイチ 1991：79)、それがイリッチにとっての学校教育である。

　では、学校において子どもたちが「学校化」されることにより、どのような事態がもたらされるのであろうか。イリッチは、以下のように述べる。

　　学校化されると、生徒は教授されることと学習することとを混同するようになり、同じように、進級することはそれだけ教育を受けたこと、

免状をもらえばそれだけ能力があること、よどみなく話せれば何か新
　　しいことを言う能力があることだと取り違えるようになる（イリッチ
　　1977 : 14）。

　イリッチは、私たちが当たり前のように学校に通い、そこで学校生活を
送ることを繰り返すことによって、「学校＝教育の場」というイメージが
社会全体に浸透し、人々が学校以外での学びは役に立たないという考え・
価値観から脱け出ることが難しくなる、そうした「学校化」状況がもたら
されると指摘している。
　学校は今日、「教育を受けるのは子どもの時期のみであり、学校だけが
教育を行うところである」あるいは「学校に通えば教育を受けたことにな
る」といった意識を人々の間で再生産する装置として機能し続けている。
現行の日本の学校教育制度では、小学校の6年間および中学校の3年間が
学校に通う義務期間として法的に規定されており、その間に子どもたちは、
教員免許状を有した専門職の教員から学校的知識やスキルを伝授されるが、
その過程を通じて、子どもたちは「学校に行き、教育を受ければ結果を得
ることができる」という学校の制度的価値を自明化するようになる。やが
て、教育をめぐる人々の自律性・主体性が奪われ、「教育されないと学べな
い人間」（イリイチ 1991 : 86）が数多生み出されるという、人々が学校教育と
いう制度に依存した状態、すなわち、学校教育を通じた「学校化」がもた
らされるのである。

2）教育と社会の学校化

　戦後、日本社会における「学校化」は一貫して進行してきたが、そうし
た傾向が顕著にみられるようになったのは、1960年代以降であるという指
摘がある。1960年代初頭には高校全入運動が全国に広まり、高等学校にお
ける教育のユニバーサル化が実現し、1960年代半ばには、文部省（当時）
が内申書重視の方針を打ち出した。1970年代に入ると、高等教育の進学率

が15％を超え、マス段階に突入する一方、初等・中等教育段階では、いわゆる詰め込み・知識偏重教育が主流となった。さらに1980年代には、雇用市場における新規学卒者の一括採用や指定校制が一般化していく（藤田 1991）。

　こうしてより多くの人々が長期間、学校での教育を経験するようになると、学校的価値の制度化が進行していくことになる。学校で教員から（規律正しく、従順な）「よい児童」「よい生徒」とみなされることや、大量の学校的知識をインプット・アウトプットし、よい成績を取ることが子どもたちの生活世界において「正しい」こととされ、学校的価値を相対化することは困難になっていく。さらには、学校における業績——それは「学歴」として履歴書に示される——が労働市場における本人の評価指標となり、教育と社会がシームレスに一体化（教育と社会の学校化）していったのである。そして今日でもなお、このような学校的価値が肥大化し、人物評価の視点が学校での業績と同一視される社会状況は変わっておらず、学校化された日常に閉塞感や生き辛さを感じる一定数の子どもたちは、しばしば「不登校」という選択肢を取ることを余儀なくされるのである。

3）問い直される学校化状況

　近年、不登校状態にある児童生徒数は増加傾向にあり、依然として高止まりを続けている（文部科学省 2023）。神経症的要因・進路の不適応・所属学級における不和等、不登校に陥る原因はさまざまであるが、不登校という現象はしばしば、学校化された社会状況に対する子どもたちからの異議申し立てとして捉えられてきた。

　現在、フリースクール、オルタナティブ・スクールなど、既存の学校教育のあり方を問い直し、学校化された教育とは対極の教育のあり方を民間の側から提示し、不登校児童生徒の受け皿をつくる試みがなされている。そうした取り組みにおいては、イリッチが指摘した学校化された社会を問い直すまなざしが共有されている。フリースクールの先駆けともいうべき

「東京シューレ」(1985 年設立) の創設者奥地圭子氏は、いみじくも以下のように述べている。

> 登校拒否を治療対象とみ、病気とみていたら、私は決してシューレを開設することは考えなかったでしょう。(中略) そうではなく、学校のあり方が起因していると考えた私は、学校のあり方を変えること、および学校絶対化の価値観を変えることが必要だと思ったのです (奥地 1989：10)。

　学齢期の子どもが学校に通うということが常識となっており、労働市場においても、学校化された価値やスキルが称揚されるこの社会では、学校に通わないという選択肢を取ることは困難であり、不登校の当事者とその保護者は、学校化された社会から道を踏み外すことにしばしば不安や危機感を抱く。しかし、イリッチの「脱学校化」を指向する思想的営為は、学校に行かないという選択が当然のものとして認められるべきとする、学校化された社会を相対化する歩みへと私たちを誘う。それは、ともすれば学校的価値を称揚してしまう私たちの常識に風穴を開けるものである。
　足早に過ぎていく日常のなかで一旦立ち止まり、今一度、この学校化された世界を見つめ直してみること――。イリッチの学校化論は、近代社会における教育という営みそのものを根底的に問い直す視座を提示するとともに、学校教育から周縁化された、オルタナティブな教育という営みに目を向けることの意義を、私たちに再確認させてくれるのである。

2　フレイレ

1）銀行型教育

　ブラジル北東部のレシフェに生まれた P. フレイレ (Freire, Paulo 1921-1997) は、(いわゆる) 成人教育、識字教育の進展に貢献した教育 (哲) 学者

であり実践者である。経済的貧困にあるブラジルにおいて、住民の多くが文字を知ら（されてい）ないなか、フレイレは父から文字を教わり、カトリックの信仰心に満ちた母の影響の下、4人きょうだいの末っ子として少年期を過した。1946年からの8年間、ペルナンブコ州の教育文化局顧問として民衆（労働者）との「対話」という行為の意味を理解するようになり、レシフェの「民衆文化運動」を組織し文化運動を展開する。1959年、レシフェ大学に学位論文提出、教育史・教育哲学の教授となる。1963年、ブラジル教育省はフレイレの識字教育活動の方法を採用し民衆の意識向上政策を進めるが、翌年のクーデタにより、彼はチリへ亡命、さらに1969年にアメリカ・ハーバード大学の教育開発研究センター客員教授となった。その後、スイスやアフリカでの活動を経て、1980年にブラジルへの帰国が許され、1986年のユネスコ（国連教育科学文化機関：UNESCO）平和教育賞受賞、そして、1989年から1991年までサンパウロ市教育長に任命され、生徒会創設等の公立学校改革に携わり、学校教育民主化への役割を果たした。識字教育活動を含めた文化運動と連動した執筆活動も旺盛であり、なかでも、1968年に公刊された『被抑圧者の教育学』（*Pedagogia do Oprimido*）（1970年に英語版）は、フレイレの解放教育の主張が集約された一冊である。

　冒頭でふれたブラジル北東部の経済的な貧困地域で、フレイレは小作人や労働者とともに過ごした。そこで、彼・彼女らが文字を知らないという、非識字の問題を解決していく教授法を提案していく。経済的貧困の状況をみるなかでフレイレは、「教育」の本質的問題として、「抑圧」からの解放を主張する。フレイレは『被抑圧者の教育学』全体を通じ、抑圧者からの解放を主唱した。次項でみる識字教育もこの点に密接にかかわる。同書でフレイレは、学校教育の特質を「銀行型教育」（educação bancária）との語で喝破した。学校では、教員から子どもに対し、知識が一方向的に注入される。学校教育の注入主義をフレイレは「一方的語りかけ」（という病）とし、さながら銀行の「預金行為」のようだとみなす。「一方的語りかけ（中略）

は、生徒を語りかけられる内容の機械的な暗記者にする。(中略) かれらは
それによって容器、つまり、教師によって満たされるべき入れ物に変えら
れてしまう。／入れ物をいっぱいに満たせば満たすほど、それだけかれは
良い教師である。入れ物の方は従順に満たされていればいるほど、それだ
けかれらは良い生徒である。／教育はこうして、預金行為となる。そこでは、
生徒が金庫で教師が預金者である」(フレイレ 1979：65, 66)。要するに、学校
教育は「教員＝預金者」「生徒＝金庫」の構図であり、それは銀行での「預
金行為」と同様と指摘し、そのような現状を批判したのである。

　「預金行為としての教育」と題された節の副題は「非人間化をもたらす
教育」である。フレイレは、「銀行型教育」のもたらす「抑圧」の構造を明
らかにし、批判した。そのさい、例えば、「銀行型教育概念にあっては、知
識は、自分をもの知りと考える人々が、何も知っていないとかれらが考え
る人々に授ける贈物である」(同上：67) といった批判の矛先は、ただ学校
の枠組みにとどまるものではない。イリッチの脱学校論の文脈にも連なろ
う。D. ラフテリー (Raftery, Deirdre) はフレイレをめぐって、「抑圧された
人びとの教育は、尊厳を取り戻させ、解放を可能にするべきだと主張し」
「抑圧された人びとがこの教育の究明に関与することだとしている」(ラフ
テリー 2018：98) と総括的に指摘しているが、たんに「銀行型教育」の指摘
と批判にとどまらず、「銀行型教育」とは異なる、子どもの創造性に基づ
く教育的営みや、子どもを「批判的思考者」にするといった、たんなる情
報の伝達ではない「課題提起教育」(educação problematizadora) を提唱した。

2）識 字 教 育

　「課題提起教育」の具体的方法として、本節冒頭でふれた識字教育が説
明されよう。このさいの、フレイレにおける識字は、たんに文字が読めれ
ばいいということに終始しない (むろん、「たんに文字が読める」ということ自体
に人が「生きる」ことにかかわる重い意味があることを見過ごしてはなるまい)。

　経済的貧困にあるブラジルの民衆は、多くが非識字者であった。ブラジ

ルは当時、民主的社会の基本権たる選挙権が、非識字者に対し与えられて
おらず、したがって、識字の問題は、選挙権獲得をひとつの軸とした、民
衆の「政治」への参画と結びついたものであった。とはいえ、フレイレが
意図した識字の論理は、民衆の選挙権獲得にとどまらない。あらためて、
「課題提起教育」である識字教育として着目するならば、ブラジルの貧困
という、民衆が置かれた生活の現実を、民衆自身が理解できるように、自
覚できるようになることを促したのである。フレイレの「識字」を里見実
は、「その最初から最後まで、世界と人間の関係の変革をめざすもの」（里
見 2010：154）とまとめている。文字を奪われ搾取され「沈黙の文化」にあ
る民衆自身が、「世界」を読む力を培うのである。フレイレの「課題提起教
育」をめぐっては、「意識化としての識字教育」をみるなかで（なお、「意識
化」〔conscientização〕も彼が用いた術語のひとつであるが）、「学習者」ではない側
のありようについて、市川秀之が端的に整理している。「教育者は、人々
が自らの置かれた状況や既存の価値観を批判的にとらえることができるよ
うにするために疑問を投げかけ、対話を展開させる」（市川 2023：138）。こ
のさい、先の「銀行型教育」批判においてフレイレは、子どもと教員のフ
ラットな（教育的）関係を期待しながら「課題提起教育」を提起したことを
忘れてはならないだろう。

　『被抑圧者の教育学』を著したフレイレをめぐって、今ひとつふれてお
くべきであろう点を付しておきたい。「銀行型教育」批判を展開するなか
での以下をみて欲しい。

　　生徒の想像力を最小限に抑え、摘み取り、かれらの軽信をあおりたて
　　る銀行型教育の機能は、世界を解明したいとも思わなければ、それが
　　変革されるのを見たいとも思わない抑圧者の利益に仕えるものである。
　　／抑圧者は自分に有利な状況を維持するために、人道主義 humani-
　　tarianism を利用する（フレイレ 1979：69）。

抑圧者は銀行型教育概念とあわせて温情主義的社会活動装置を用いる（同上：70）。

銀行型教育方法のヒ・ュ・ー・マ・ニ・ズ・ム・の裏には、人間をロボットに変えようとする意図が隠されている（同上：71）。

　フレイレは、「抑圧」からの解放を唱えるなかで、一見すると民衆へ寄り添うかのような、「ヒューマニタリアニズム」（人道主義）や「ヒューマニズム」を警戒した。少年フレイレがみたブラジルの経済的貧困、それは成長の過程においても変わらず民衆が搾取され続けるすがたを目の当たりにしてきた現実であり、そのなかで育まれた彼の「思想」の一角なのだろう。『被抑圧者の教育学』訳者のひとりである伊藤周の解説にわかりやすい。（フレイレの）「教育思想の核心は、人間解放のテーゼがすなわち教育テーゼであるということにある。この一点をぬきにして語られるどのような教育学も、フレイレにとっては、中立性を装った抑圧者の教育学にほかならない」（伊藤 1979：255-256）。

　作家・フェミニズム理論家の知識人で教育実践者でもあるアフリカ系アメリカ人 B. フックス（hooks, bell 1952-2021）（本名：G. J. ワトキンス〔Watkins, Gloria Jean〕）は、フレイレから多大な影響を受けたという。「フレイレが語っている周縁化された貧しい農民たち、わたしと同じ黒いアフリカの兄弟姉妹たち、あのギニア・ビサウのわが同志たちが、到底、赤の他人とは思えなかった」（フックス 2023：84）と語る彼女の民衆への共感には、「知識人」の示す「善意」に偽装され隠されたすがたを見抜く視線が潜む。フレイレの「教育思想」に接しながら、ほんとうの意味での教育的関係とは何かを問い続けることは、いくばくかでも、現代の学校教育の諸課題を救う一助とならないであろうか。

3　フーコー

　哲学者・思想家 M. フーコー（Foucault, Michel 1926–1984）は、その思想的
営為において、教育という営みを真正面から取り上げてきたわけではない。
ところが興味深いことに、その著書『監獄の誕生』のなかでフーコーは、
大衆教育が、学校建築や教師の視線、試験の戦略といった、生徒を規格化
するための規律・訓練のテクノロジーのなかで出現することを論じ、また、
その著書『性の歴史』のなかでは、教える者と教えられる者との間に存在
する告白的で監護的な関係を取り上げ、それが教育学に対して与えた影響
に注目している（ボール編著 1999）。フーコーの思想的営為が教育学に与え
る示唆に着目し、教育思想としてフーコーを読み直そうという動き、すな
わち、教育という営みをフーコーという道具箱を用いて捉え直そうという
動きが近年、顕著にみられるようになってきた（Popkewitz & Brennan eds.
1998；Besley & Peters 2007；田中 2009；Ball 2013）。

　以下では、フーコーの思想的営為を教育思想として読み直していく。そ
のさい焦点を絞るのは、フーコーが終生、深い関心を寄せ一貫して取り組
んできた「主体化論 Theory of Subjection」である。主体化論が問うのは、
人間はどのような存在として仕立て上げられてきたのか、そして、人間は
どのような存在へと変容を遂げることが可能かということであるが（フー
コー 1996）、この主題は、広義の教育という営みとも重なり合うものである。

1）規律・訓練的な権力と主体化

　フーコーにあって、「知 Savoir / Knowledge」は、諸個人が主体化され
ていく過程において不可分な役割を果たすものである。ここで「知」とは、
「人間存在、個人を対象とする諸科学」（スマート 1991：114）を意味するが、
心理学・精神医学・経済学・統計学等、そして、教育という営みに関する
学問である「教育学」もまた「知」である。フーコーは、このような人間
に関する「知」が、諸個人を何者かへと仕立て上げていく「権力 Pouvoir

／Power」として作動する点に関心を寄せた。

　フーコーは、諸個人を労働者として編成することによって自らを維持・再生産する資本主義機構の解明を企図するという文脈において、主体化の問題を探究していく。フーコーは、資本主義的生産活動に有用な「主体 Sujet ／ Subject」が編成されることによって、資本主義の諸機構もまた再生産されていくとみるが、そのさい作動するのが「規律・訓練的な権力」である。曰く、「資本主義経済の増大が規律・訓練的な権力という種別的な様式を呼び求め」（フーコー 1977：221）るのである。

　フーコーによれば、規律・訓練的な権力の起源は、軍隊組織にある。軍隊組織では、「(人々の) 特色をしめし、分類をおこない特定化する」とともに「ある尺度に沿って配分し、ある規格（ノルム）のまわりに分割し、個々人を相互にくらべて階層秩序化」（同上：223）する、規律・訓練的な権力が日常的に作動している。この規律・訓練的な権力は、やがて工場のような資本主義的生産様式へと巧みに流用され、「従順な身体 Docile Body」を生み出していく。その従順な身体とは、「知」によって生み出された「規格」へと諸個人を押し込め、矯正することによって生産される、常にまなざされる身体である。フーコーは、規律・訓練的な権力を作動させることにより従順な身体を構成し、もってその秩序・機構を維持・再生産させていく近代社会を「一望監視施設」（パノプティコン）になぞらえ、近代社会では、軍隊・監獄・学校・病院をはじめとして、遍く場所・空間において規律・訓練的な権力が作動しているとみた。

2) 一望監視施設としての学校

　一望監視施設とは、中央に監視塔を置き、その周囲にいくつもの独房を円形または半円形状に配置した監獄である。各独房には、監視塔へと向けて窓が穿たれ、外からの光で独房のなかの囚人は、監視塔のなかにいる人物からよくみることができるのに対し、独房のなかからは監視塔のなかは暗くみることができない仕組みになっている（同上）。そのため、囚人は、

監視塔のなかに監視役がいようがいまいが、常に「監視されているかもしれない」という意識をもたされることになる。フーコーは、この一望監視施設という喩えを用いて、「このようにあれ」と要求する「まなざし」によって人々を監視・統制し、自ら能動的に従順となるよう人々を「主体化」させていく、そうした近代社会の仕組みを問い質そうとしたのである。一望監視施設としての近代社会は、「知」を基盤として人々を監視すると同時に、監視されていることを常に人々に内面化させていく。人々が自発的かつ能動的に自らを「主体」として編成するように仕向けることを可能にする象徴的な権力、それが規律・訓練的な権力である。

　学校もまた一望監視施設としての仕組みを備えており、そこではあるべき主体を編成する規律・訓練的な権力が作動する。学習指導要領では、学校で子どもたちをどのような「まなざし」のうちに捉え、どのように評価していくのか、すなわち、評価基準や評価方法をめぐる（教育学の）「知」が示されるが、この「知」に基づいて教員から評価されることを通じて、子どもたちは「規格化」されていく。

　学校とはまさに「平均的な」（＝正常な・規格に適った）行動基準を定め、そこからの偏差（＝逸脱）を測定することで個人を制裁する制度にほかならない（ボール編著 1999：60）。例えば、教科内容に対して関心が高く、意欲もあり、取り組みの姿勢も真剣である子ども、あるいは高い道徳性や社会性を備えた子どもは、学校において「望ましい主体」とみなされるだろう。そうした主体へと子どもたちを仕立て上げるべく教員は、子どもを管理下に置いて絶えず規格化のまなざしのうちに捉え、学習意欲を喚起するような授業を試み、また、廊下での児童生徒との何気ない会話のうちに子どもの逸脱の気配を読み取ろうとするのだ。このような教員の教育的まなざしや働きかけの「意味」を子どもたちが内面化する時、学校はまさに規律・訓練的な権力が作動する一望監視施設となり、そこに従順な身体としての「望ましい主体」が編成されることになる。

3）「主体化」から「生存の美学」へ

　もっとも、フーコーは主体を、規律・訓練的な権力に従属するだけの、つまり、「知」によってその行為の可能性を制限されるだけの、受動的な存在として描いているわけではない。フーコーはその晩年において、主体化にどのように抗うかという問題に取り組み、「生存の美学 esthétique de l'existence」という考えに辿り着いた。主体化という、人々を「正常化＝規範化する権力」に抗うために、「創造的に形成され変形されうる何かとしての私たち自身および私たちの生に関わり合う」(オクサラ 2011：182-183) ことが、フーコーの「生存の美学」であった。それはちょうど、芸術という営みがしばしば、これまでみたことも想像したこともないような絵画や彫刻を生み出し、既成概念を打ちこわすことがあるのに似ている。

　今日、主体的・対話的で深い学びの実現のためにアクティブラーニングを遂行できる教員や、Society5.0 の到来を見据えて巧みに ICT 機器を操作して授業を行うことのできる教員等々、「教員たるもの○○でなければならない、教員のすべき仕事とは△△である」といった「知」が絶えることなく生産され続けている。学習指導要領をひも解けば、私たちはそこに「子どもたちはこうあるべき」「教員はこうあるべき」といった「望ましい主体」のオンパレードを目の当たりにすることになるだろう。このような「知」に従属することによって、教員も子どもも主体化されていくのだ。そうした「望ましい主体」を称揚する「知」はしかし、「生存の美学」とは対極にあるものといえる。

　これまでみてきたように、フーコーの主体化論は、教育という営みが、規律＝訓練的権力への従属を通じた主体化——すなわち、被教育者が、「知」によってあらかじめ定められた何者かになることを強いられる——過程にほかならないことを告発するものである。フーコーはその晩年にあって、「清く正しく美しい市民になれ」というような、人々を正常化・規範化する規律・訓練的な権力に抗うための道筋を私たちに示した。フー

コーがその「生存の美学」によって示したのは、「私たちがだれあるいは何であるべきか」を問うのではなく、「他に類をみない存在の仕方を可能にする自由の空間＝余地」（同上：184）をいかにして切り拓くかということであった。フーコー曰く、「おそらく今日の標的は（中略）いまあるとおりのわれわれを拒むことであろう」（フーコー 1996：296）。

　あらかじめ用意された、「望ましい主体」を称揚する「知」に従属するのではなく、その「知」の裂け目あるいは深淵をのぞき込み、「今のところまだ想像されえない考え方、生き方、他者への関係の仕方を探し求める主体」（オクサラ 2011：184）を創造していくこと——。フーコーの思想的営為を通して私たちは、教育という営みの、新たな可能性を見出すことができるのではないだろうか。

探してみようキーワード

学校化　不登校　フリースクール　オルタナティブ・スクール　脱学校化
銀行型教育　課題提起教育　識字教育　主体化　規律・訓練的な権力　一
望監視施設（パノプティコン）　Society5.0

引用文献

市川秀之 2023「フレイレの識字教育」、教育哲学会編『教育哲学事典』丸善出版、138–139 頁。

伊藤周 1979「解説——パウロ・フレイレの人と教育思想」、フレイレ，P.（小沢有作・楠原彰・柿沼秀雄ほか訳）『A. A. LA 教育・文化叢書IV　被抑圧者の教育学』亜紀書房、255–305 頁。

イリッチ，I.（東洋・小澤周三訳）1977『脱学校の社会』東京創元社。

イリイチ，I.（桜井直文訳）1991『生きる思想——反＝教育／技術／生命（新版）』藤原書店。

オクサラ，J.（関修訳）2011『フーコーをどう読むか』新泉社。

奥地圭子 1989『登校拒否は病気じゃない——私の体験的登校拒否論』教育史料出版会。

里見実 2010『パウロ・フレイレ「被抑圧者の教育学」を読む』太郎次郎社エディタ
ス。

スマート，B.（山本学訳）1991『ミシェル・フーコー入門』新曜社。

田中智志 2009『教育思想のフーコー——教育を支える関係性』勁草書房。

フーコー，M.（田村俶訳）1977『監獄の誕生——監視と処罰』新潮社。

フーコー，M.（井上克人・高田珠樹・山田徹郎ほか訳）1996「主体と権力」、ドレイ
ファス，H. L.・ラビノウ，P.『ミシェル・フーコー——構造主義と解釈学を超えて』
筑摩書房、287-307 頁。

藤田英典 1991「学校化・情報化と人間形成空間の変容——分節型社縁社会からクロ
スオーバー型趣味縁社会へ」『現代社会学研究』第 4 巻、1-33 頁。

フックス，B.（里見実監訳、朴和美・堀田碧・吉原令子訳）2023『学ぶことは、とび
こえること——自由のためのフェミニズム教育』筑摩書房（ちくま学芸文庫）。

フレイレ，P.（小沢有作・楠原彰・柿沼秀雄ほか訳）1979『A. A. LA 教育・文化叢書
Ⅳ　被抑圧者の教育学』亜紀書房。

ボール，S. J. 編著（稲垣恭子・喜名信之・山本雄二監訳）1999『フーコーと教育——
〈知＝権力〉の解読』勁草書房。

文部科学省 2023「令和 4 年度児童生徒の問題行動・不登校等生徒指導上の諸課題に
関する調査」。

ラフタリー，D.（立石弘道訳）2018『ヴィジュアル版　教師の歴史』図書刊行会。

Ball, S. J. 2013. *Foucault, Power and Education.* Routledge.

Besley, T. & Peters, M. A. 2007. *Subjectivity and Truth: Foucault, Education, and
the Culture of Self.* Peter Lang.

Popkewitz, T. S. & Brennan, M. eds. 1998. *Foucault's Challenge: Discourse,
Knowledge, and Power in Education.* Teachers College Press.

さらなる学修のために

上野千鶴子 2002『サヨナラ、学校化社会』太郎次郎社。

学校的価値で覆われた社会の問題点を鋭く抉り、学校化された社会を生き抜
くにはどうすればよいのか、そのヒントを与えてくれる。

**桜井智恵子 2021『教育は社会をどう変えたのか——個人化をもたらすリベラ
リズムの暴力』明石書店。**

本章で取り上げたフーコーの思想を軸にして、教育の場における能力主義の
浸透や自己責任化の問題について再考を試みている。

ジルー，H. A.（渡部竜也訳）2014『変革的知識人としての教師——批判的教授法の学びに向けて』春風社。

　アメリカにおける批判的教育学の旗手 H. A. ジルー（Giroux, Henry Armand 1943-）は、『被抑圧者の教育学』をはじめフレイレの影響を受けている。「リテラシー」をめぐる問題等、フレイレ教育思想を継承したひとりであるジルーの著作も眺めておきたい。

フレイレ，P.（里見実訳）2001『希望の教育学』太郎次郎社。

　フレイレ晩年の代表的著作である。『被抑圧者の教育学』の誕生にふれながらも、「非人間化」への批判が変わらずに貫かれている。

第 7 章

子ども観・教師観の変遷
──子ども・教師という存在をめぐって

> **本章のつかみ**
>
> 　子ども観、教師観の変容は、私たちに教育の考え方に関する新たな知見をもたらすとともに、さまざまな教育課題を生み出し、学校教育にも影響を与えてきた。本章では、西洋と日本における子ども観の変遷と日本における教師観の変遷の概要を示し、現在の私たちが子どもについて抱いているイメージをあらためて問うとともに、教師をめぐる課題についても検討する。

1　西洋における子ども観の変遷

1）子ども期の誕生

　西洋の子ども観の歴史を問うに当たって、現代フランスの歴史家 P. アリエス（Ariès, Philippe 1914-1984）の著した『〈子供〉の誕生──アンシャン・レジーム期の子供と家族生活』を取り上げることにしたい。アリエスは、文献資料だけでなく、絵画のなかの子ども期の図像、子どもの服装、子どもの遊びなどについても詳細に検討し、西洋の中世社会には子どもはいないと主張したことにより、反論や疑問も含めて、その後の子どもの歴史研究に大きな影響を与えた人物である。彼は、「中世の社会では子供期という観念は存在していなかった」とし、子どもが大人になるという感覚、つまり現在われわれが共有しているような子ども期についてのイメージは一般化していなかった。また「子供という言葉には、私たちが今日賦与し

ているような限定的な意味は与えられていなかった」として、西洋の中世社会では子どもは存在していなかったという主張を展開したのであった（アリエス 1980：122）。

　アリエスによれば、中世社会においては、子どもという観念は存在していなかったという。このことは、社会のなかで子どもという存在が全く無視されていたことを意味しているのではなく、年齢による境界が曖昧であり、大人の世界と子どもの世界というものがはっきりと意識されていなかったためである（同上：122）。すなわち小さな大人、若い大人は存在していても、今日でいうところの「子ども」は存在していなかったということである。また彼は、同時代においては親子の情愛的な感情は存在しないといった主張を繰り返している。それでは、近代的な子ども観はいかにして誕生したのだろうか。

　アリエスは近代的子ども観の成立要件として近代家族と近代学校の登場に着目し、以下のような見解を示している。

　　学校と社会とは一緒になって、大人たちの世界から子供をひきあげさせた。かつては自由放縦であった学校は、子供たちをしだいに厳格になっていく規律の体制のうちに閉じこめ、この傾向は十八世紀・十九世紀には寄宿制として完全に幽閉してしまうに至る。家族、教会、モラリスト、それに行政者たちの要請は、かつては大人たちのあいだで子供が享受していた自由を、子供から奪ってしまった。この要請は子供に笞うちや独房をあたえ、もっともひどい条件にさらすような懲罰を課した。けれども、この厳格さも古い時代の無関心さとは異なる意識・感情を表現している。十八世紀以後に社会を支配していくことになる愛の感情がつきまとっている。感情生活のうちにこのように子供期のことが入っていくことが、今日ではマルサス主義としてよく知られている出産コントロールの現象を生じさせたことも、容易に理解さ

れる。この現象は、家族が子供を中心に再編成され、家族と社会のあいだに私生活の壁が形成されるのが完了したまさにその時期に、出現したのである（同上：386）。

　このようにアリエスは、近代的子ども観の特徴について論じている。まず、近代的な子ども観は大人の世界から子どもを引き上げさせることによって成立したということである。次に、近代的な子ども観の成立には、子どもたちを大人の世界から遠ざけ保護する近代家族と近代学校が影響を与えていた。そして近代的な子ども観を支えていた要素として、「愛の感情」と表現されているような子どもに対する関心の高まりについて指摘し、その結果家族が「子どもを中心に再編成」されていったとしている。アリエスは、子ども期を独自のものとする観念が芽生えた時期を 17 世紀末頃であろうと推測したのであった。

2）識字能力と子ども期

　アリエスが『〈子供〉の誕生』を公刊して約 20 年後、アメリカの N. ポストマン（Postman, Neil 1931-2003）は、その著作『子どもはもういない——教育と文化への警告』のなかでアリエスの見解を踏まえたうえで、子ども期が誕生した時期を 16 世紀頃としている。彼はその理由のひとつとして印刷技術の進歩を指摘している。識字能力を根拠にした大人の定義に対して、識字能力が欠けていることを根拠とした子ども期の定義がつくりだされたのだという。彼は「読み書き能力が欠けていること、教育という観念がないこと、差恥心がないこと—これらが、中世に子ども期という観念が存在しなかった理由である」（ポストマン 1985：33）と指摘している。識字能力を身につけるには一定の期間を要する。さらに読み書きという作業を通じて、平静さ、熟慮、自制心、論理性といった素養も身についてくる。ポストマンはこのように印刷技術の進歩による活字の普及によって、大人と子どもの境界が明確になってきたのだと主張したのであった。

2　日本における子ども観の変遷

1）通過儀礼

　日本の前近代社会においては、農村や都市部といった地域差を問わず共同体の成員として「一人前」になることが目指されていた。子どもたちの成長過程は、通過儀礼を通してその成長を確認し、承認されることの積み重ねでもあった。

　日本には独自の子育ての考え方、システムが存在した。例えば、現在もなおその一部が継承され、「産育習俗」として知られる農村社会にみられた子育てに関する諸行事がそうである。「産育習俗」は親だけでなく地域社会一体となっての子どもの成長への願いが存在していたことの証しであろう。すなわち、帯祝、三日祝、七夜、宮参り、食い初め、誕生祝、初節句、七五三の祝など、成長の節目ごとに行事が用意されていた。子どもを出産し、一人前の共同体の成員として育て上げることがどれほど困難なことか、人々は生活経験を通して承知していたのであろう。こうした通過儀礼においては、周囲の人々の関与が特徴となっている。通過儀礼のたびに多くの人々が集うということは、それだけ子どもの成長に多くの人の協力を得たいという意識の表れでもあった。

　通過儀礼は、子どもの能力を発達の視点でチェックするという機能だけでなく、むしろ親をはじめとして子どもを取り巻く人々の環境づくりをチェックする機能も有していた。一人ひとりの子どもの成長を大勢の大人たちが支えながら共同体の一員として育てていくという教育的環境がつくられていたのである。

2）若者組

　子どもたちが一人前になるためには、多くの大人の関与とともに同年齢集団の果たす役割も大きかった。

　男子は成長して7歳になると、子ども組と呼ばれる自治的な異年齢集団

に参加した。子ども組は7歳から15歳までの子どもたちで組織され、平素は遊び仲間として機能し、年中行事や祭礼などに当たっては独自の自治集団としての役割が与えられていた。

　多くの場合15歳で成人の儀式を迎え、大人の仲間入りをすると、青年たちはこの年の正月から若者組に参加した。これを境に親の教育は終了し、集団のなかでの自己形成に中心が置かれるようになる。若者組においては、若者宿と呼ばれる合宿所に寝泊まりしながら先輩たちから地域社会で生きていくために必要な知識や技術が教えられた。青年たちは若者組のなかで、最初は使い走りから始まり、徐々に重要な役割を負わされる過程で成長し、晴れて「一人前」の共同体の成員となったのである。

　このように農村社会における人間形成の過程を概観すると、7歳頃から15歳頃までを少年期（子ども期）とみなすことができるであろう。農村社会に限らず、日本ではいわゆる「7歳までは神のうち」という考え方にみられるように子どもの発達を7歳頃でそれ以前の乳幼児期と、それ以後の少年期に区切る習慣が存在していた。例えば、中世以後、貴族や武士たちの「物学びの年」がほぼ数え年の7歳から始まったし、寺子屋への「寺入り」や寺の「入山」も大体その頃からであった。前者の元服が15、16歳頃、後者においては僧侶になるのが13、14歳頃であったことなどからすれば、日本社会において少年期は大体7歳前後から15歳前後と考えられていたということがうかがえるであろう。

　しかしながら、長い歴史のさまざまな局面において、多くの子どもが上述したような「恵まれた」養育環境にあったとはいえないであろう。身分、戦乱、飢饉、災害などといった要因により、生まれたけれども「育てられない子」も数多く存在したのであった。したがって、少年期（子ども期）を少年期として自覚し特別の配慮を要する期間であるとの明確な認識は、近代以後のことといえよう。すなわち、1872年の「学制」発布以来、すべての子どもが義務教育を受けることが制度化される、そして近代的な学校教

育制度の普及、子どもを対象とした児童文化の発達、教育学および関連する諸科学の発展、子どもの権利の尊重という考え方の影響が相互に作用することによって、現代まで続く日本における子ども観、教育観が形成されてきたのである。

3　権利の行使者としての子ども観

　1989 年第 44 回国連総会は「子どもの権利条約」（政府の公定訳は「児童の権利に関する条約」）を採択した。1959 年に国連総会で採択された「子どもの権利宣言」の採択 30 周年を期して、宣言の内容をより深化・発展させて、条約化されたのであった。日本では 1994 年に批准、国会において可決・承認され、世界で 158 番目の締約国となった。締約国になるということは条約の内容を遵守し、その理念の実現に向けて義務を負うことになったのである。

　「子どもの権利宣言」を条約化することを世界に先駆けて提案した国は、ポーランドであった。ポーランドが条約化を提案した背景としては、第 1 に、第一次世界大戦と第二次世界大戦の両大戦の下で、多くのポーランドの子どもたちが戦争の犠牲となったという歴史的事実があった。第 2 に、ポーランド自身がナチス・ドイツに加担して反ユダヤ主義の立場に立ち、多くのユダヤ系ポーランド人とその子どもたちをゲットーに、そしてガス室に送り込んだという事実である。さらに第 3 としては、約 200 名のユダヤ系ポーランド人の子どもたちとともにガス室に入り命を落とした J. コルチャック（Korczak, Janusz 1878-1942）（本名：H. ゴールドシュミット〔Goldszmit, Henryk〕）の思想と実践を継承し、実現するためであった。

　コルチャックは、ポーランドでは「コルチャック先生」として知られ、小児科医、作家、教育者としてその生涯にわたって子どもたちのために尽力した人物である。また、国営ラジオ放送のパーソナリティとしても有名であった。コルチャックは「子どもはすでに人間である」という考えの下、

生まれながらにして子どもは尊重に値すべき存在であると主張し、独自の教育活動を展開したのであった。

彼の思想を根拠とした「子どもの権利条約」では、その前文において、子どもは「人格の完全なかつ調和のとれた発達」をする権利を有するのだと示され、第6条1では、「締約国は、すべての児童が生命に対する固有の権利を有することを認める」として、子どもたちの生きる権利について規定している。第12条1においては、「締約国は、自己の意見を形成する能力のある児童がその児童に影響を及ぼすすべての事項について自由に自己の意見を表明する権利を確保する。この場合において、児童の意見は、その児童の年齢及び成熟度に従って相応に考慮される」として、子どもたちは自分のかかわるすべての事柄に対して自由に意見を述べ、その決定に参加する権利をもつことを保障しているのである。

また、子どもの権利条約の第13条から第17条においては、表現・情報の自由、思想・良心および宗教の自由、結社および集会の自由、プライバシー・通信・名誉および信用の保護、適切な情報へのアクセスの権利などが認められており、子どもたちに大人とほぼ同等の権利を保障しているといえるのである。

さらに、第28条1においては、「締約国は、教育についての児童の権利を認めるものとし、この権利を漸進的にかつ機会の平等を基礎として達成するため、特に、(a) 初等教育を義務的なものとし、すべての者に対して無償のものとする。(b) 種々の形態の中等教育（一般教育及び職業教育を含む。）の発展を奨励し、すべての児童に対し、これらの中等教育が利用可能であり、かつ、これらを利用する機会が与えられるものとし、例えば、無償教育の導入、必要な場合における財政的援助の提供のような適当な措置をとる。(c) すべての適当な方法により、能力に応じ、すべての者に対して高等教育を利用する機会が与えられるものとする。(d) すべての児童に対し、教育及び職業に関する情報及び指導が利用可能であり、かつ、これ

らを利用する機会が与えられるものとする。(e)　定期的な登校及び中途退学率の減少を奨励するための措置をとる」と示されている。このように「子どもの権利条約」では、子どもたちがより望ましい成長・発達をする権利行使の主体者と認識し、彼らの「教育への権利」を保障することを締約国に求め、世界的思潮としてその実現が望まれているのである（外務省2020）。

4　日本における教師観の変遷

1）教　師　観

　明治以降の学校教育の歴史が示すように、社会が大きく変化する時代のなかで教師や学校に求められる役割や期待も変化してきている。ここでは戦前・戦後の対照的な教師観についてみていくことにしたい。

　明治維新後の新政府は、「国家富強」「殖産興業」をスローガンに掲げ、近代的国家を目指した新しい体制の整備を急務としていた。1872年8月に日本初の近代的学校教育制度である「学制」が制定され、翌1873年の「小学教師心得」によって、新しい時代の教師のあり方が示された。ここでは、「第1条　凡教師タル者ハ学文算筆ヲ教フルノミニ非ス父兄ノ教訓ヲ助ケテ飲食起居ニ至ル迄心ヲ用キテ教導スベシ故ニ生徒ノ中学術進歩セズ或ハ平日不行状ノ徒アラバ教師タル者ノ越度タル可シ」「第3条　幼稚ノ時ハ総テ教師ノ言行ヲ見聞シテ何事モ善キ事ニ心得ル者ナレバ授業時間ノ外タリ共不善ノ行状ヲ示ス可ラス妄語ス可ラス生徒ヲシテ悪キ友ト交ルヲ禁シ自身モ亦悪キ人ト交ル可ラス」とあるように、教師が子どもたちに対して行うべき心得を示している。ここでは、教師自身が子どもたちの「師」として、その手本になることについて記されており、合わせて教師の職業的倫理についてもふれられている。

　学制の不足を是正するために1879年「教育令」が公布され、翌年の1880年には「教育令」の改正が行われた。この教育令では修身を筆頭科目にす

るなど徳育が強調され、教員の規定には「品行不正ナルモノハ教員タルコトヲ得ス」という但し書きが加えられた。また、1881年には国の盛衰に関わる重要な任務を負っている教員が守るべき道徳律として「小学校教員心得」が制定された。

　初代文部大臣森有礼（1847-1889）は、教育の要は教員の資質にあるとして師範学校の整備に力を注いだ。1886年に公布された「師範学校令」第1条には、「生徒ヲシテ順良信愛威重ノ気質ヲ備ヘシムルコト」と示されており、この「順良」「信愛」「威重」という3気質の養成が重視された。すなわち目上の人には恭しく素直に従い、教師どうしは仲良く信頼し合い、児童生徒には威厳をもって接するという「3気質」の涵養が教師志望者に求められたのである。この「順良」「信愛」「威重」は後の師範教育令により「特性」と表現され、日本における教員に必要な資質とみなされた。また、3気質育成のために師範学校には全寮制が採用され、男子生徒に対しては陸軍式の歩兵体操をモデルとした兵式体操が重視され、国家社会に奉仕する人物の養成が目指されたのであった（文部科学省 2022a：45-46）。

　これらの改革は、教員養成を重視する姿勢と「人物養成」の姿勢を明確にするものであったが、一方で内向的、偽善的、裏表がある、卑屈、融通性の欠如といった短所が指摘され、「師範タイプ」として批判されるような教師の性格、行動、特性を生み出すことになった。このように、教員養成に特化した師範学校における教育環境は、教職を専門化するよりも特殊化させることになったのであった。

　次に、第二次世界大戦後の教育の再出発の時期である1947年、最初の「学習指導要領（試案）」が出された。そこでは、従来を反省し、「その地域の社会の特性や、学校の施設の実情や、さらに児童の特性に応じて、それぞれの現場でそれらの事情にぴったりした内容を考え（中略）そういう工夫があってこそ、生きた教師の働きが求められるのであって、型のとおりにやるのなら教師は機械にすぎない」と、自主的で創意工夫を活かす教師

への期待が強調されている。

このほかにも教員に求められる役割や期待は、時代背景によって周知の聖職者的教師観、労働者的教師観など多様なイメージと結びついてきた。こうして歴史のなかで醸成されたイメージのいくらかは今日においても社会に残存しているといえるであろう。

1940年代以降においては、法的整備が行われるにつれて教師の専門性が問われるようになった。1949年、文部省は戦前からの教員養成制度をあらためて、教職の専門性を高め教員の資質の向上を図ることをねらいとして、教育職員免許法を施行した。教員養成系の大学・学部だけでなく、教員養成課程の設置が認められた一般の大学でも、一定の単位を修めた者は教員免許状が取得できるという「開放制」の教員養成制度が導入されたのである。以後、教員に求められるものについては、教育職員免許法の改正や各審議会の諸答申などをめぐって、具体的に議論されることが多くなっている。

2）教員に求められる資質能力

1997年に出された教育職員養成審議会の「新たな時代に向けた教員養成の改善方策について」の第一次答申では、教員の資質能力に言及し、「教員に求められる資質能力」として「いつの時代も教員に求められる資質能力」「今後特に教員に求められる具体的資質能力」「得意分野を持つ個性豊かな教員」が指摘された。

まず、「いつの時代も教員に求められる資質能力」は1987年に出された教育職員養成審議会答申「教員の資質能力の向上方策等について」に説明がある。具体的には「教員については、教育者としての使命感、人間の成長・発達についての深い理解、幼児・児童・生徒に対する教育的愛情、教科等に関する専門的知識、広く豊かな教養、そしてこれらを基盤とした実践的指導力が必要である」を踏まえて、「専門的職業である『教職』に対する愛着、誇り、一体感に支えられた知識、技能等の総体」というものであ

る。

次に「今後特に教員に求められる具体的資質能力」として、1.「地球的視野に立って行動するための資質能力」として「地球、国家、人間等に関する適切な理解」「豊かな人間性」「国際社会で必要とされる資質能力」、2.「変化の時代を生きる社会人に求められる資質能力」として「課題解決能力等に関わるもの」「人間関係に関わるもの」「社会の変化に適応するための知識及び技能」、3.「教員の職務から必然的に求められる資質能力」として「幼児・児童・生徒や教育の在り方に関する適切な理解」「教職に対する愛着、誇り、一体感」「教科指導、生徒指導等のための知識、技能及び態度」の3点が指摘されている。そして、「得意分野を持つ個性豊かな教員」として、「画一的な教員像を求めることは避け、生涯にわたり資質能力の向上を図るという前提に立って、全教員に共通に求められる基礎的・基本的な資質能力を確保するとともに、さらに積極的に各人の得意分野づくりや個性の伸長を図ること」が示された。

2000年代以降も、教職を専門職として理解し、社会の変化に対応して教師の役割、課題に言及する姿勢はその後も貫かれている。2006年に示された中央教育審議会（以下、中教審）の答申「今後の教員養成・免許制度の在り方について」には、「教職は、人間の心身の発達にかかわる専門的職業であり、その活動は、子どもたちの人格形成に大きな影響を与えるものである」とあり、続けて「近年、子どもたちの学ぶ意欲の低下や規範意識・自律心の低下、社会性の不足、いじめや不登校等の深刻な状況など、学校教育における課題は、一層複雑・多様化するとともに、LD（学習障害）、ADHD（注意欠陥／多動性障害）や高機能自閉症などの子どもへの適切な支援といった新たな課題も生じてきている」と表現されている。

また、2012年に出された中教審答申「教職生活の全体を通じた教員の資質能力の総合的な向上方策について」では、教員に求められる資質能力として、①教職に対する責任感、探究力、教職生活全体を通じて自主的に学

び続ける力（使命感や責任感、教育的愛情）、②専門職としての高度な知識・技能（教科や教職に関する高度な専門的知識、新たな学びを展開できる実践的指導力、教科指導、生徒指導、学級経営等を的確に実践できる力）、③総合的な人間力（豊かな人間性や社会性、コミュニケーション力、同僚とチームで対応する力、地域や社会の多様な組織等と連携・協働できる力）が示されている。

　さらに、2015年の中教審答申「これからの学校教育を担う教員の資質能力の向上について〜学び合い、高め合う教員育成コミュニティの構築に向けて〜」においては、「これまで教員として不易とされてきた資質能力に加え、自律的に学ぶ姿勢を持ち、時代の変化や自らのキャリアステージに応じて求められる資質能力を生涯にわたって高めていくことのできる力や、情報を適切に収集し、選択し、活用する能力や知識を有機的に結びつけ構造化する力」「アクティブ・ラーニングの視点からの授業改善、道徳教育の充実、小学校における外国語教育の早期化・教科化、ICTの活用、発達障害を含む特別な支援を必要とする児童生徒等への対応などの新たな課題に対応できる力量」「『チーム学校』の考えの下、多様な専門性を持つ人材と効果的に連携・分担し、組織的・協働的に諸課題の解決に取り組む力」が示されたのであった。

　2022年の中教審答申「『令和の日本型学校教育』を担う教師の養成・採用・研修等の在り方について」では、3つの改革の方向性を掲げている。ここでは、1.「新たな教師の学びの姿」の実現に向けて、教師自身の学び（研修観）を転換し、「新たな教師の学びの姿」「理論と実践の往還」の実現、2.「多様な専門性を有する質の高い教職員集団の形成」として、教師一人ひとりの専門性の向上、多様な専門性の確保、心理的安全性の確保、教職員の多様性を配慮したマネジメントの実現、「学校における働き方改革」の推進、3.「教職志望者の多様化や、教師のライフサイクルの変化を踏まえた育成と、安定的な確保」として、教職課程の柔軟性の向上、教師のライフサイクルの変化を前向きに捉え、採用や配置等を工夫することなどが、

今後の改革の要点として示されている（文部科学省 2022b）。

　子どもを取り巻く環境がめまぐるしく変化する現在において、教師が果たすべき役割は複雑化・多様化している。ここで取り上げた答申でも明示されているように、教師間の学び合いや協働を大切にし、保護者・地域そして関係諸機関との連携を図りながら、現在の日本社会における学校教育を担っていくことが一人ひとりの教師に求められているのであろう。

探してみようキーワード

子ども観　アリエス　子ども期　一人前　通過儀礼　子どもの権利条約
コルチャック　教育への権利　教師観　教員の資質能力

引用文献

アリエス，P.（杉山光信・杉山恵美子訳）1980『〈子供〉の誕生——アンシァン・レジーム期の子供と家族生活』みすず書房。

外務省 2020「児童の権利に関する条約　全文」（入手先 URL：https://www.mofa.go.jp/mofaj/gaiko/jido/zenbun.html，最終閲覧日：2023 年 8 月 25 日）。

ポストマン，N.（小柴一訳）1985『子どもはもういない——教育と文化への警告』新樹社。

文部科学省 2022a『学制百五十年史』ぎょうせい。

文部科学省 2022b「『令和の日本型学校教育』を担う教師の養成・採用・研修等の在り方について」（入手先 URL：https://www.mext.go.jp/b_menu/shingi/chukyo/chukyo3/079/sonota/1412985_00004.htm，最終閲覧日：2023 年 9 月 29 日）。

※本章で取り扱った文部科学省の各種答申については文部科学省のホームページより確認することができる。

さらなる学修のために

北本正章 2021『子ども観と教育の歴史図像学——新しい子ども学の基礎理論のために』新曜社。

　子ども観の変容について、教育の図像史や世界の研究動向を踏まえて解説。今後の課題や展望が示されている。

橋本伸也・沢山美果子編著 2014『保護と遺棄の子ども史』昭和堂。

「子ども」という存在の歴史的な変化について、「保護と遺棄」という観点から多岐にわたるテーマが展開されている。

森川輝紀・小玉重夫編著 2012『教育史入門』放送大学教育振興会。

近代家族、近代学校の成立が子ども観の形成に与えた影響について詳述されている。

原清治・春日井敏之・篠原正典ほか監修、久保富三夫・砂田信夫編著 2018『教職論』ミネルヴァ書房。

教員養成の歴史や資質能力について言及されているほか、今日教員が果たすべき役割について解説されている。

第 8 章

現代の教育課題（1）
——教育機会が多様化する時代の学校

本章のつかみ

　ICT などの技術革新に伴い、教育学習の形態が変化するなかで、国家的事業（公教育）としての学校教育の意義が問われている。本章ではこれについて考察するための手がかりとして、公教育としての日本の学校教育をめぐる歴史的展開について学ぶ。

1　学校教育でのオンライン学習の広がり

　2010 年代後半以降、学校教育のなかでオンライン学習を取り入れる動きが広がっている。

　例えば、オンライン学習を活用した通信制高等学校として、学校法人角川ドワンゴ学園は 2016 年に N 高等学校（本校：沖縄県うるま市）を、2021 年には S 高等学校（本校：茨城県つくば市）を開校した。両校ではインターネット学習（講義動画の視聴とレポート）、スクーリング、科目修了試験によって高等学校卒業資格取得のための必修授業の単位を取得することができる。N 高等学校と S 高等学校では、必修授業の学習のみを各自で進めるコースのほか、必修授業の学習に加えて週 1 日または週 3 日オンライン上でグループ学習を行うコースが設置されている。なお、N 高等学校と S 高等学校には通学コースもあり、課題解決学習に取り組み、プログラミングについて学んだりすることもできる（学校法人角川ドワンゴ学園 2023）。

　また、学校教育でのオンライン学習は、新型コロナウイルス感染症

（COVID-19）の感染拡大により、全国で広くみられるようになった。2020年1月15日に、日本でCOVID-19の陽性者がはじめて確認された。その後、COVID-19の陽性者が増加し、特に同年2月には北海道で感染が拡大した。このような状況を踏まえて、2月26日に北海道教育委員会は道立学校の臨時休業を決定し、道内の市町村教育委員会に対して市町村立学校を一斉に臨時休業することを求めた。さらに、翌2月27日、これら地方公共団体の動きに影響を受けて、当時の安倍晋三内閣は3月2日から当初春休み終了まで、全国の学校設置者に対して、小中学校、高等学校、特別支援学校（以下、初等中等教育諸学校）を一斉に臨時休業することを要請した（竹中 2020）。

　なお、北海道教育委員会が市町村立学校の臨時休業を、日本政府が初等中等教育諸学校の臨時休業を「要請」したという背景には、学校保健安全法第20条がある。これは「学校の設置者は、感染症の予防上必要があるときは、臨時に、学校の全部又は一部の休業を行うことができる」というものである。感染症予防のための臨時休業を決定できるのは各学校の設置者である。北海道教育委員会は道内市町村立学校の設置者ではなく、日本政府も全国の初等中等教育諸学校の設置者ではない。そのため、北海道教育委員会は市町村立学校の設置者である各市町村の教育委員会に対して、そして日本政府は全国の上記学校の設置者に対して、感染症予防のための臨時休業をすることを求めることができるにとどまる。

　さて、日本政府からの全国一斉の学校の臨時休業要請を受けて、ほぼすべての公立学校が臨時休業を実施した。文部科学省の調査によれば、2020年3月16日8時時点で臨時休業を実施した（実施の検討中を含む）公立の初等中等教育諸学校は98.9％にまで及んだ（文部科学省 2020）。その後、COVID-19の感染拡大により、同年4月には全都道府県に緊急事態宣言が出され、当初の予定よりも長く学校の臨時休業（臨時休校）が続いた。

　この間に各学校では、児童生徒の学習を継続させるための工夫がなされ

A. 学校から案内や指示があって利用したもの

N＝6,180、複数選択可

	学習方法	％
1	紙教材（教科書・ドリルやプリントなど）を用いた課題を活用した学習	90.4
2	インターネット上で無料公開されている教材等を活用した学習	27.9
3	インターネット上で閲覧・ダウンロードできる学校・自治体が準備した教材を活用した学習	22.2
4	電子教材・学習動画（授業形式でないもの）を活用した学習	6.3
5	授業形式の動画を活用した学習	7.1
6	学校との同時双方向型のオンライン授業を活用した学習	2.4
7	情報端末を利用した、採点機能や問題カスタマイズ機能を活用した学習	1.6
8	情報端末を利用した、学習進度や理解度を個別に確認できる機能を活用した学習	1.2
9	情報端末を利用した、学習や生活に関する子どもから学校への相談（チャット、メール等）	1.3
10	学校が設定した登校日での学習	26.9
11	その他	1.9
12	学校から案内や指示があって利用した学習方法は一つもなかった	1.6

B. 家庭で独自に利用したもの

N＝6,180、複数選択可

	学習方法	％
1	紙教材（問題集、通信教育など）を活用した自主学習	54.3
2	インターネット上で無料公開されている教材等を活用した自主学習	25.7
3	電子教材・学習動画（授業形式でないもの）を活用した自主学習	13.1
4	授業形式の動画を活用した自主学習	5.2
5	学校以外の機関（塾など）との同時双方向型のオンライン授業を活用した自主学習	6.3
6	情報端末を利用した、採点機能や問題カスタマイズ機能を活用した自主学習	5.6
7	情報端末を利用した、学習進度や理解度を個別に確認できる機能を活用した自主学習	3.9
8	情報端末を利用した、学習や生活に関する子どもから学校以外の機関・サービスへの相談（チャット、メール等）	1.1
9	その他	2.8
10	家庭で独自に利用した学習方法は一つもなかった	18.8

図表 8-1　臨時休校期間中に利用した学習方法

（出典）笹澤（2020：2）。

た。野村総合研究所が2020年6月に小学生の子どもをもつ全国保護者6180人に行った質問紙調査によれば、臨時休校期間中に学校から案内や指示があって利用した学習方法と家庭で独自に利用した学習方法は、図表8-1のとおりであった。学校から案内や指示があったもの（以下、学校）と家庭で独自に利用したもの（以下、家庭）ともに、紙媒体（教科書・ドリルやプリントなど）の教材を用いた学習が最多で、学校が90.4%、家庭が54.3%であった。ただ、紙媒体の教材以外と比べて実施例は少ないものの、オンライン学習も一定数行われたことがわかる。「インターネット上で無料公開されている教材等を活用した（自主）学習」（学校27.9%、家庭25.7%）、「インターネット上で閲覧・ダウンロードできる学校・自治体が準備した教材を活用した学習」（学校22.2%）、「授業形式の動画を活用した（自主）学習」（学校7.1%、家庭5.2%）、「学校との同時双方向型のオンライン授業を活用した学習」（学校2.4%）であった。

　同調査では図表8-1中の学校の2〜9と家庭の5〜8を「オンライン学習」として捉えたうえで（笹澤 2020：3）、このようなオンライン学習のいずれかを臨時休校中にはじめて利用したという割合は図表8-2のような結果であった。同図表が示すとおり、「全て新たに利用しはじめた（臨時休校以前か

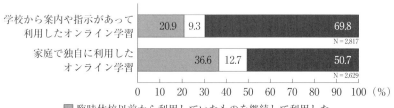

図表8-2　臨時休校中にオンライン学習をはじめて利用した割合
（出典）笹澤（2020：3）。

ら利用していたものはない）」は学校で 69.8 %、家庭で 50.7 %であった。このように、COVID-19 の感染拡大を契機として、学校教育でオンライン学習を活用する動きが広がった。

2　学校が「当たり前」でなかった時代

　今日、私たちにとって学校は身近な存在である。日本国憲法第 26 条第 2 項は「すべて国民は、法律の定めるところにより、その保護する子女に普通教育を受けさせる義務を負ふ」と義務教育について定める。これを踏まえて、学校教育法第 17 条に基づき、子どもが満 6 歳から満 12 歳までの間に小学校に通わせ、満 13 歳から満 15 歳までの間には中学校に通わせる義務（就学義務）を保護者に課している。そのため、日本では原則小中学校に通うことが求められ、大半の人々にとって学校は「当たり前」の存在となった。先述のとおり、COVID-19 の感染拡大防止のために、日本政府は全国の学校設置者に休校を要請し、実際にほとんどの公立学校が臨時休業し、子どもたちは学校に通えなくなった。学校教育が「当たり前」である今日では、全国一斉休校というのは文字どおり緊急事態であった。

　だが、現在のように国家的事業（公教育）として学校教育が始まったのは、日本では本書執筆時点（2023 年 8 月末）から約 150 年前のことである。日本初の学区制を採用した小学校が京都市に設置されたのは 1869 年であった（京都市学校歴史博物館編 2020：20）。この約 150 年というのは、約 260 年間続いた江戸時代よりも短く、公教育としての学校教育の歴史は浅い。

　公教育としての学校教育が始まる以前、すなわち今日のような学校が「当たり前」ではなかった時代では、基本的に教育は家庭や地域社会で自発的に行われた。親子という自然的関係に基づいて、子どもを養育・監護するなかで教育は私教育として行うことが原則で、学校教育は特定層を対象としたものであった。「学校」を意味する英語 School はラテン語の schole から派生したもので、「閑暇」という意味である。「学校」が「閑暇」

という意味の語と結びつきがあるのは、学校教育の対象は余暇を確保でき学問に打ち込むことができる富裕層や上流階級であったためである。

このような傾向は日本でも同様である。高等学校日本史の教科書に記載されている教育機関として、例えば、大学が挙げられる（笹山ほか 2016：56）。これは現在のような高等教育機関である大学ではなく、奈良時代に平城京に設置された官僚養成の教育機関で、貴族の子弟を学生とした（全国歴史教育研究協議会編 2014：47）。

また、「学校」という語を含むものとして、足利学校がある（笹山ほか 2016：146）。足利学校は下野国足利にあった儒学の学校で、その起源には諸説があるが、1439 年に関東管領の上杉憲実により再興され、フランシスコ＝ザビエルが「坂東の大学」と世界に紹介したことで知られている（足利市 2023）。足利学校は日本最古の学校ともいわれるが、主な学生は僧侶や武士であった（笹山ほか 2016：146）。

しかし、江戸時代になると、庶民教育がより活発となった。その中心的な役割を担ったのが寺子屋（手習所）である。寺子屋は「庶民の子弟に読み・書き・算などの初歩学習を行った私設の教育施設」のことで、その経営やそこでの教授を武士や僧侶などが担い、1868 年までの開設総数は 3〜4 万校とされる（今野ほか編 2014：585）。寺子屋の普及により教育機会は拡大されたものの、民間により運営された寺子屋での教育は公教育と異なる。一部の藩で藩営の庶民教育機関が設置された事例もあるが（岡山藩の郷学である閑谷学校など、全国歴史教育研究協議会編 2014：194）、おおむね江戸時代の公的な教育機関は主に武士層を対象としたものであった。江戸幕府直轄の教育機関である昌平坂学問所（昌平黌）や各藩の藩校に限定されていた。

3 学校が「当たり前」になるまで
──日本の義務教育の発展に着目して

1）国家が学校教育に携わるようになった時代的背景

　江戸時代まで公教育としての学校教育は一般的なものでなかった。そこから公教育として学校教育が行われるようになった時代背景は、以下のようにまとめられる（保谷 2015）。

　19世紀に入り、産業革命を成し遂げたイギリスをはじめとした欧米諸国は自由貿易体制の拡大、すなわち工業製品を輸出できる国外市場と安価な原材料を求めてアジアへの進出を強めた。その一環で、日本に対して世界資本主義市場への編入を意味する「開国」を求める動きが加速した。1853年、アメリカ東インド艦隊司令長官ペリーは軍艦（「黒船」）を率いて浦賀沖に来航し、難破船の保護、食糧・薪水給与のための開港地の設定、通商貿易の許可を日本に求めた。翌1854年にペリーは再び江戸湾に来航し、漂流民の保護、下田・箱館の開港、食糧等への供与を認める日米和親条約が締結された。さらに、1858年には日米修好通商条約が締結された。これは神奈川・長崎・箱館・新潟・兵庫の開港や江戸・大坂の開市を内容とするもので、日米間での自由貿易の開始を意味する。同様の条約はイギリス、オランダ、ロシア、フランスとも締結され、これらは総称して安政の五ヶ国条約とも呼ばれる。

　このような「開国」の動きを受けて、日本の主権が脅かされるという危機感も一因となり、国内で外国人排斥運動である攘夷論が強まった。1861年には薩摩浪士らがアメリカ公使館書記官を暗殺する事案が、1863年には長州藩が下関海峡を通過した外国船を砲撃する事案が発生した。欧米諸国はこのような「開国」への消極的な動きに対して対抗措置を取った。例えば、1864年にイギリス・フランス・アメリカ・オランダの四国連合艦隊は下関を砲撃・占領した（四国艦隊下関砲撃事件）。加えて、1863年に薩摩藩は

イギリスから生麦事件の報復を受け、イギリスと交戦した（薩英戦争）。な
お、生麦事件とは 1862 年に発生した薩摩藩士が大名行列を横切ったイギ
リス商人を斬殺した事件のことである。

　これらの欧米諸国との交戦を経て、欧米諸国の軍事力・国力に圧倒され
た薩摩藩や長州藩の間で、攘夷は不可能であるという見解が広まった。そ
して、新しい国家体制で、欧米諸国に追いつくために日本の近代化を進め
る必要があるという動きが高まり、明治維新の原動力となった。

2）日本の義務教育制度の発展史

　1867 年 10 月、江戸幕府 15 代将軍徳川慶喜が政権を返上し、江戸幕府が
消滅した。さらに、同年 12 月、薩摩藩・長州藩らと岩倉具視ら公家による
武力クーデター（王政復古の大号令）によって、摂政・関白と幕府の廃絶が宣
言され、明治新政府が誕生した。

　1868 年 3 月には、新しく誕生した明治政府の基本方針である五箇条の誓
文が示された。五箇条の誓文が示す 5 つの基本方針のうちのひとつに「智
識を世界に求め、大に皇基を振起すべし」というものがある。「知識を世
界に求めて、天皇中心とする国柄・伝統を大切にし、大いに国を発展させ
なければならない」という意味で、富国強兵のために海外の技術や文化を
積極的に摂取することを国の基本方針とした。

　この方針を実現するために、国家事業としての学校教育の整備に着手し
た。ここでは、日本での公教育としての学校教育が今日のように「当たり
前」になるまでの歴史的展開として、義務教育制度の発展に着目する。

　まず、1871 年に文部省が設置された。文部省が全国の教育行政を統括す
る組織として位置づけられ、文部省の下に戦前の日本では中央集権的な教
育行政が展開された。

　1872 年には、日本の近代学校制度をはじめて定めた学制が公布された。
学制の序文「学事奨励ニ関スル被仰出書」には、「必ス邑ニ不學ノ戸ナク
家ニ不學ノ人ナカラシメン事ヲ期ス」という国民皆学の精神が示された。

また、小学校を「教育ノ初級ニシテ人民一般必ス学ハスンハアルヘカラサルモノ」（第21章）と定め、尋常小学、女児小学、村落小学、貧人小学、小学私塾、幼稚小学の6つに区分した（文部省編 1972：130）。このうち尋常小学は小学校制度の本体とし、下等（原則6〜9歳までの4年間）と上等（原則10〜13歳までの4年間）に分け、男女ともに必ず卒業すべきものとして位置づけられた（第27章・同上：130）。

　しかし、学制の下では教育は個人の立身出世に役立つことから、原則国民が学校運営にかかる経費を負担すべきとされ、授業料も徴収された（同上：261-262）。なお、当時の小学校の授業料は月あたり50銭であった（同上：262）。1872年当時の銭湯入浴料が約1銭であった（週刊朝日 1988）。本書執筆時点での東京都内の公衆浴場入浴料金は1回あたり520円であり（東京都 2023）、このレートで換算すると、学制公布当時の小学校の授業料は月あたり約2万6000円となる。以上のような教育費の家庭負担に加えて、当時の各家庭の労働力であった子どもの登校を強要したことで学制への反発も生じ、一部の小学校が打ちこわされた（学制反対一揆）。このように近代学校制度が導入された当初、必ずしも学校は人々に受け入れられなかった。

　さらに、図表8-3は小学校就学率の推移をまとめたものである。学制公布の翌年である1873年の小学校就学率は男子が39.9％、女子が15.1％、男女合計が28.1％であった（文部省編 1972：195）。これらの数値からも当時小学校に通うのは少数派であったことがわかる。

　学制への反発を受けて、1879年に政府は新たに教育令を公布した。教育令では地方や国民の置かれた状況への配慮がうかがえる。

　まず、公立小学校教育の年限について、教育令第16条は「公立小学校ニ於テハ八箇年ヲ以テ学期トス土地ノ便宜ニ因リテハ此学期ヲ縮ムルコトヲ得ヘシト雖モ四箇年ヨリ短クスヘカラス此四箇年ハ毎年授業スルコト必四箇月以上タルヘシ」と定めた。公立小学校の教育年限を原則8年とするが、

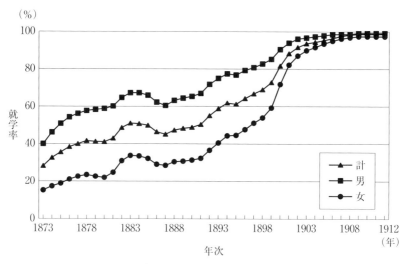

図表 8-3　小学校就学率の推移

（出典）梶井（2016：14）。

地域の実情に即して各年の授業期間を 4 ヶ月以上としたうえで、最低 4 年に短縮することができることとした。このように教育令は最低16ヶ月での小学校の修業を許容することで、小学校就学率の向上を図った。

　また、小学校への通学と別の教育機会への就学を認めた。教育令第17条は「学校ニ入ラスト雖モ別ニ普通教育ヲ受クルノ途アルモノハ就学ト做スヘシ」と定めた。通学以外で普通教育を受ける方法がある場合は、これをもって就学したとみなすというものである。当該条文は、学校以外の教育や私学校・家庭教育を受ける機会がある場合に学校教育を強制されないというアメリカのアーカンソー州やカリフォルニア州等の法令を参照して定められたとされる（本山 2013）。学制が通学を強制したことに対する懐柔策を取りながら、国民の教育水準を向上させるために、本規定は学校教育以外の教育を認めた。政策の目的は異なるが、登校以外の就学を許容した本規定の内容は、登校以外の教育機会を認める今日の不登校対策と重なる。

　このように教育令は地方や国民の置かれた状況を尊重したものであった。

しかし、富国強兵に向けて迅速に学校教育制度を整備するためには、中央集権的に進め、かつ教育の質を担保する必要があった。そのため、教育令は公布されてからわずか1年で改正され、1880年に改正教育令が公布された。

　改正教育令では、次のように就学義務が強化された（文部省編 1972：174）。第1に、小学校修学を最低3年間とし、毎年最低でも16週以上就学させる義務があることを定めた（第15条）。第2に、学校教育や教員巡回による教育（巡回教育）以外の方法で普通教育を行う場合は、郡区長の許可を必要とし、この場合に郡区長が児童の学業を町村の小学校で試験させることを規定した（第17条）。このことは一定の教育水準が確保できる場合には、普通教育の機会を学校に限定する必要はないという趣旨であり、普通教育を受けさせる手段がある家庭での普通教育を許容したことを意味する（本山 2013）。改正教育令が公布された1880年の小学校就学率は、男子が58.7％、女子が21.9％、男女合計で41.1％であった（文部省編 1972：198）。1880年時点では男女全体で小学校就学率は4割程度であり、小学校不就学の子どもの方は依然として多かった。

　1880年代に入ると、国の統治機構が整備された。1885年には内閣制度が成立し、1889年には大日本帝国憲法が発布された。義務教育制度関連では1886年に小学校令が公布された。学制と教育令でも小学校の就学義務に関する規定はあったが明確なものではなかった。これに対して、小学校令は父母や後見人等に学齢児童を就学させる義務をはじめて明文化した（同上：308）。具体的には第3条に「児童六年ヨリ十四年ニ至ル八箇年ヲ以テ学齢トシ父母後見人等ハ其学齢児童ヲシテ普通教育ヲ得セシムルノ義務アルモノトス」と定めた。さらに第4条は「父母後見人等ハ其学齢児童ノ尋常小学科ヲ卒ラサル間ハ就学セシムヘシ」と規定した。これらの条文が示すとおり、学齢児童を尋常小学校卒業までの4年間（1890年の改正で3年または4年と変更）就学させる義務を父母や後見人等に課すことが確定した（同上：

308-309）。図表 8-3 を参照すると、小学校令が成立した 1886 年以降、小学校就学率が上がり、1891 年には男女合計の小学校就学率が 50.3 ％とはじめて過半数を超えた（同上：321）。

　小学校令はその後改正を繰り返した。1900 年の第三次小学校令では、1890 年に尋常小学校の修業年限が 3 年または 4 年となったものを、あらためて 4 年とし、この期間学齢児童を尋常小学校に就学させる義務を保護者に課した（同上：317）。第 32 条第 3 項に「学齢児童保護者ハ就学ノ始期ヨリ其ノ終期ニ至ル迄学齢児童ヲ就学セシムルノ義務ヲ負フ」という保護者の就学義務とともに、同条第 4 項に保護者の定義として「学齢児童ニ対シ親権ヲ行フ者又ハ親権ヲ行フ者ナキトキハ其ノ後見人」が示された。これらの規定により、就学義務の責任の所在がより明確化された（同上：317）。また、公立小学校の授業料も廃止された（同上：317）。第三次小学校令の公布以降も小学校就学率は一貫して増加し、同令が公布された翌年の 1901 年には、男子が 93.8 ％、女子が 81.8 ％、男女合計が 81.5 ％となった。

　さらに、1907 年の第五次小学校令で、尋常小学校の修業年限が 4 年から 6 年に延長された（同上：319）。第五次小学校令が公布された 1907 年の小学校就学率は男女合わせて 97.4 ％（男子 98.5 ％、女子 96.1 ％）とほぼ 100 ％を達成した。こうした事情もあり義務教育が 6 年に延長された（同上：322）。

　学制が公布されてから約 40 年をかけて、日本では小学校の就学率がほぼ 100 ％となり、公教育としての学校教育が浸透し、人々にとって学校が「当たり前」の存在となった。そして、1941 年の国民学校令による小学校の国民学校への改編を経て、1947 年の教育基本法と学校教育法の制定によって、小学校 6 年と中学校 3 年という計 9 年間の義務教育となり、今日に至る。

　なお戦後、学校教育法第 1 条に新制の高等学校、大学が定められた。これらの学校教育は義務教育ではないが、戦後これらへの進学率は増加した。図表 8-4 は 1955 年度から 2022 年度までの高等学校（通信制教育課程を除く）

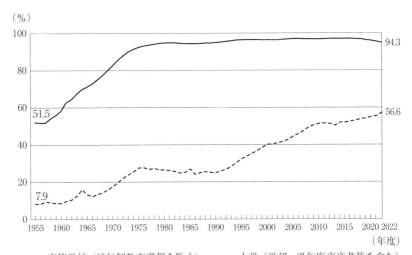

図表 8-4　高等学校・大学進学率の推移
（出典）文部科学省「学校基本調査」（年次統計）をもとに筆者作成。

と大学（学部・過年度高卒者等を含む）それぞれの進学率をまとめたものである。高等学校進学率は1955年度が51.5％であり、当時中学卒業者の約2人に1人が高等学校に進学する状況であった。これが2022年度には94.3％となり、中学卒業者のほとんど全員が高等学校に進学した。高等学校は義務教育ではないが、今日高等学校に通うことは珍しいことではない。

　大学進学率については、アメリカの社会学者M. トロウ（Trow, Martin 1926-2007）による高等教育の発達段階説に照らして解釈したい。トロウは高等教育在学者が在学者と同年齢の人口に占める割合に注目し、当該年齢人口の15％まではエリート型、15％以上から50％未満まではマス型、50％以上をユニバーサル型と定義した（トロウ 1976）。1955年度の大学進学率は7.9％であり、日本の大学教育はトロウによる発達段階でいうところのエリート型であった。その後、大学進学率は増減を繰り返したが、1969年度以降では15％を下回ることがなくなり、日本の大学教育はマス段階

に入った。そして、2009 年度に大学進学率が 50.9 ％となり、はじめて 50 ％
を超えた。これ以後、大学進学率はおおむね 50 ％以上で推移し、2022 年
度は 56.6 ％であった。大学の大衆化が進み、今日日本の大学教育はユニ
バーサル段階にある。

4 「当たり前」の学校とは別の教育機会を選択する
　　時代の到来

　前節のとおり、日本では学校教育が普及し、今日それは「当たり前」と
なった。しかし、学校教育が「当たり前」になった一方で、「当たり前」の
学校以外での教育機会を求め、これを選択することも今日では見受けられ
る。その代表的な現象が不登校である。

1）不登校をめぐる現状

　不登校とは「何らかの心理的、情緒的、身体的、あるいは社会的要因・
背景により、児童生徒が登校しないあるいはしたくともできない状況にあ
ること（ただし、病気や経済的な理由によるものを除く）」（国立教育政策研究所生徒
指導研究センター編 2009：28）と定義される。1991 年度以降、この「不登校」
（1991 年度から 1997 年度までは「学校ぎらい」）を理由に年間 30 日以上欠席する
児童生徒数を文部科学省は調査している。
　図表 8-5 は、1991 年度から 2021 年度までの不登校児童生徒数（国公私立
の合計）の推移である。1990 年代半ば前後から不登校児童生徒数が増えた。
2000 年代は増減があるものの、おおむね不登校児童生徒数は減少傾向で
あった。だが、2012 年度以降、不登校児童生徒数は増加している。同図表
が示すとおり、2021 年度の不登校児童生徒の割合は、小学校が 77 人に 1
人（1.30 ％）、中学校が 20 人に 1 人（5.00 ％）であった。1 学級の児童生徒数
の標準は公立小学校で 35 人、公立中学校で 40 人である。そのため、平均
すると不登校は小学校で 2 学級に 1 人、中学校で 1 学級に 2 人で発生する
ことになる。学年・学級単位で考えると、不登校は珍しいものではない。

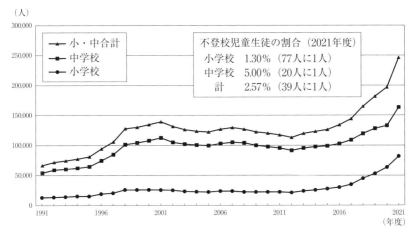

（人）

凡例
▲ 小・中合計
■ 中学校
● 小学校

不登校児童生徒の割合（2021年度）
小学校　1.30%（77人に1人）
中学校　5.00%（20人に1人）
　計　　2.57%（39人に1人）

図表 8-5　不登校児童生徒数の推移

（出典）文部科学省（2022：70）。

2）不登校を踏まえた政策の展開

　不登校関連の公的な統計調査は1966年度の学校基本調査に始まったとされる（加藤 2012：1）。ただ、当初から「不登校」という言葉は使用されていなかった。1950～70年代には「長期欠席」「学校恐怖症」「学校ぎらい」という呼称が用いられ、1980年代には「登校拒否」という言葉が広く使用され、また不登校の要因として児童生徒の性格や家庭の養育環境が指摘されてきた（同上：第6章）。

　しかし、1992年の学校不適応対策調査研究協力者会議最終報告書「登校拒否（不登校）問題について」は、「登校拒否はどの子どもにも起こりうるものである」という基本姿勢を示した（文部省 1992）。そのうえで、同年に当時の文部省は「登校拒否問題への対応について」という通知を発出した。このなかで、一定の要件を満たす場合に、不登校児童生徒が適応指導教室（2003年より教育支援センターに改称）や民間施設（例：フリースクール）で相談・指導を受けた場合、在籍校での出席とみなすことができることが示された。ここでの一定の条件とは、当該教室施設への入所・通所が将来の学校復帰

を前提とし、かつ児童生徒の自立に向けて有効・適切だと当該児童生徒の校長が判断した場合を意味する。

このように条件はあるものの、国が教育支援センターやフリースクールなどへの入所・通所を就学とみなすようになったのは、学校が「当たり前」とされるなかで教育機会を拡大することにつながった。しかし、不登校児童生徒がフリースクールで相談・指導を受けることについて、これまで課題が指摘されてきた。

第1に、フリースクール利用者の経済的負担についてである。フリースクールには公立・私立学校に適用される国からの補助金はない（横井編著 2022：124）。そのため、事業運営のために通常フリースクールは入会金や授業料を設定する。文部科学省が2015年に全国のフリースクールに行った調査によれば、入会金の平均額は約5万3000円、授業料は月平均で約3万3000円であった（文部科学省 2015：14）。他方、公立の小中学校に通う場合は入学金や授業料はかからない。

第2に、フリースクールでの相談・指導の出席扱いについてである。先述のとおり、一定の要件を満たせば、フリースクールで相談・指導を受けた者は在籍校での出席扱いになる。しかし、文部科学省の調査によれば、フリースクールで相談・指導を受ける小中学生のうち、在籍校の出席扱いであるのは55.8％であった（同上：8）。一定数のフリースクールの通所者は小中学校での出席扱いとならない現状があった。

以上のような課題に対応するために、2016年5月に超党派の議員立法として国会に提出されたのが「義務教育の段階における普通教育に相当する教育の機会の確保等に関する法律」（教育機会確保法）である。教育機会確保法は同年12月に成立し、2017年2月に完全施行された。

教育機会確保法は、不登校児童生徒等の教育機会の確保、夜間学校での就学機会の提供など義務教育段階の教育機会の確保を総合的に推進するために制定されたものである（文部科学省 2016）。このうち、不登校児童生徒

の教育機会確保に向けて、学びの多様化学校（不登校特例校）や教育支援センターの充実、学校以外の場での児童生徒の学習活動を支援すること、これらの措置を進めるために継続的な児童生徒の状況把握、児童生徒に必要な情報提供と財政措置を講ずることなどを国や地方公共団体に求めた（同上）。

さらに、教育機会確保法は学校復帰を前提としない不登校児童生徒への支援を示したことが特筆される。同法第13条は「国及び地方公共団体は、<u>不登校児童生徒が学校以外の場において行う多様で適切な学習活動の重要性</u>に鑑み、<u>個々の不登校児童生徒の休養の必要性</u>を踏まえ、当該不登校児童生徒の状況に応じた学習活動が行われることとなるよう、当該不登校児童生徒及びその保護者（中略）に対する必要な情報の提供、助言その他の支援を行うために必要な措置を講ずるものとする」（下線部筆者）と規定する。学校以外での多様な学習活動の重要性と不登校児童生徒の休養の必要性を確認し、学校以外で児童生徒が学習するために必要な支援を行うことが国や地方公共団体に求められるようになった。

これを受けて、2019年10月の文部科学省初等中等教育局長通知「不登校児童生徒への支援の在り方について」では、不登校児童生徒への支援の視点として、「『学校に登校する』という結果のみを目標にするのではなく、児童生徒が自らの進路を主体的に捉えて、社会的に自立することを目指す必要があること」が強調された。先述のとおり、従来の不登校児童生徒への支援は学校復帰を前提に、フリースクール等での相談・指導を在籍校の出席として扱う措置が取られてきた。他方、教育機会確保法の下では、学校復帰を前提としない学校外の教育機会を選択する児童生徒の希望も尊重される。

教育機会確保法の成立により、「当たり前」の学校とは別の教育機会として取りうる選択肢が広がった。フリースクールを利用する家庭に対して、独自に経済的支援を行う地方公共団体もみられるようになった（草津市

2023 など）。また、本章の冒頭で学校教育でのオンライン学習の広がりに関連して、教育委員会が不登校児童生徒に対してオンライン学習コンテンツを提供する動きもある（例：奈良県教育委員会「不登校支援ならネット」）。

　本章で学んできたように、もともと学校は限られた人々が通うものであった。しかし、近代化を迎え、公教育として学校教育が整備されるにつれて、学校に通うことは人々の間で「当たり前」のものとなった。さらに時代が進み、教育サービスを提供する民間団体や情報通信技術（Information and Communications Technology：ICT）の普及といった技術革新により、今日学校に通うことは再び「当たり前」とはいえない段階にあるといえる。このように教育機会の選択肢が多様化する一方で、公教育としての学校教育のあり方が問われている（宮口 2020）。今後、さらなる ICT や人工知能（Artificial Intelligence：AI）の発展が見込まれるなか、教育学はあらためてこの点について考える必要があろう。

探してみようキーワード

学校　オンライン学習　義務教育　就学義務　公教育　学制　就学率　教育令　小学校令　学校教育法　不登校　教育機会確保法

引 用 文 献

足利市 2023「史跡足利学校」（入手先 URL：https://www.city.ashikaga.tochigi.jp/
　　education/000031/000178/p001426.html，最終閲覧日：2023 年 8 月 29 日）。
梶井一暁 2016「近世・近代移行期における国民教育の確立と教育観の変化」『岡山大
　　学大学院教育学研究科研究集録』第 163 号、9–19 頁。
学校法人角川ドワンゴ学園 2023「N 高等学校・S 高等学校公式 WEB サイト」（入手
　　先 URL：https://nnn.ed.jp/，最終閲覧日：2023 年 8 月 28 日）。
加藤美帆 2012『不登校のポリティクス――社会統制と国家・学校・家族』勁草書房。
京都市学校歴史博物館編 2020『京都市学校歴史博物館　常設展示解説図録』京都新
　　聞出版センター。
草津市 2023「草津市フリースクール利用児童生徒支援補助金」（入手先 URL：

https://www.city.kusatsu.shiga.jp/kosodate/teatejosei/freeschool900.html，最終
閲覧日：2023 年 8 月 31 日）。

国立教育政策研究所生徒指導研究センター編 2009「生徒指導資料　第 1 集　生徒指
導上の諸問題の推移とこれからの生徒指導（改訂版）」。

今野喜清・新井郁男・児島邦宏編 2014『学校教育辞典（第 3 版）』教育出版。

笹澤恵 2020「臨時休校時の活用を契機としたオンライン学習導入拡大の方向性」
『NRI パブリックマネジメントレビュー』Vol. 206，2–10 頁。

笹山晴生・佐藤信・五味文彦ほか 2016『詳説日本史　日本史 B（改訂版）』山川出版
社。

週刊朝日編 1988『値段史年表——明治・大正・昭和』朝日新聞社。

全国歴史教育研究協議会編 2014『日本史用語集　A・B 共用』山川出版社。

竹中治堅 2020『コロナ危機の政治——安倍政権 vs. 知事』中央公論新社（中公新書）。

東京都 2023「公衆浴場入浴料金の統制額について」（入手先 URL：https://www.
metro.tokyo.lg.jp/tosei/hodohappyo/press/2023/06/20/16.html，最終閲覧日：2023
年 8 月 30 日）。

トロウ，M.（天野郁夫・喜多村和之訳）1976『高学歴社会の大学——エリートからマ
スへ』東京大学出版会。

保谷徹 2015「開国と幕末の幕制改革」、大津透・桜井英治・藤井譲治ほか編『岩波講
座日本歴史　第 14 巻　近世 5』岩波書店、37–72 頁。

宮口誠矢 2020「就学義務制の再考」、大桃敏行・背戸博史編『日本型公教育の再検
討——自由、保障、責任から考える』岩波書店、39–62 頁。

本山敬祐 2013「戦前日本の『家庭又ハ其ノ他』における教育——論点の整理に向け
た成立過程の再分析と運用実態の検討」『東北大学大学院教育学研究科研究年報』
第 62 集第 1 号、45–68 頁。

文部科学省 2015「小・中学校に通っていない義務教育段階の子供が通う民間の団
体・施設に関する調査」。

文部科学省 2016「義務教育の段階における普通教育に相当する教育の機会の確保等
に関する法律（概要）」（入手先 URL：https://www.mext.go.jp/a_menu/shotou/
seitoshidou/1380956.htm，最終閲覧日：2023 年 8 月 31 日）。

文部科学省 2020「新型コロナウイルス感染症のための小学校、中学校、高等学校及
び特別支援学校等における臨時休業の状況について【令和 2 年 3 月 16 日 8 時 00 分
時点】」。

文部科学省 2022「令和 3 年度児童生徒の問題行動・不登校等生徒指導上の諸課題に
関する調査」。

文部省編 1972『学制百年史（記述編、資料編）』帝国地方行政学会。

文部省 1992「学校不適応対策調査研究協力者会議報告『登校拒否（不登校）問題について——児童生徒の「心の居場所」づくりを目指して』（要旨）」『文部時報』第1388 号、46-47 頁。

横井敏郎編著 2022『教育行政学——子ども・若者の未来を拓く（第 4 版）』八千代出版。

さらなる学修のために

一斉休校・教育委員会対応検証プロジェクト企画、末冨芳編著 2022『一斉休校——そのとき教育委員会・学校はどう動いたか？』明石書店。

COVID-19 による全国一斉休校下で、各教育委員会や学校がどのような対応をしたのかを実態調査から明らかにした貴重な書である。

イリッチ，I.（東洋・小澤周三訳）1977『脱学校の社会』東京創元社。

本章で概観したように、近代化に伴い学校教育への信頼が醸成された。学歴社会に代表される学校化された社会を批判的に考察した書である。イリッチは、本書第 5 章にも解説があるので、合わせて参照されたい。

中澤渉 2018『日本の公教育——学力・コスト・民主主義』中央公論新社（中公新書）。

日本の公教育の役割を歴史や国内外のデータを駆使して分析・考察した書で、公教育の意義を考えるさいに示唆に富む。

第 9 章

現代の教育課題（2）
——成熟社会で求められる能力

∙∙

> **本章のつかみ**
> 　2020 年に最後の大学入試センター試験が行われ、2021 年より大学入学共通テストが始まった。この試験の移行にはどのような背景があるのか。これについて、本章は成熟社会という切り口から考察し、また成熟社会で求められる能力に関する代表的な議論を紹介する。

1　大学入試センター試験から大学入学共通テストへの移行

　2021 年度より、「大学入試センター試験」（以下、センター試験）に代わり、新たに「大学入学共通テスト」（以下、共通テスト）が導入された。それまでのセンター試験と比べたさいの共通テストの特徴として、教育業界では次のような点が指摘されている（Benesse 2022；河合塾 2023）。

　第 1 に、資料やデータを読み込んだうえで、考えて解く問題が多い。日常の生活や学習のなかで課題を発見し解決する場面が設定される設問などもあり、知識や解法の暗記だけでは解答できないものが増えた。

　第 2 に、英語のリスニングの配点比重が大きくなった。英語の得点については、センター試験では筆記が 200 点、リスニングが 50 点であった。これに対して、共通テストでは科目がリーディングとリスニングとなり、それぞれが 100 点満点となった。英語の「読む」と「聴く」という側面について、それぞれの素点に着目すれば、センター試験では英語の「読む」に

比重が置かれていた。これに対して共通テストでは「読む」と「聴く」の比重が同じとなったことを意味する。ただし、実際のリーディングとリスニングの配点比率は各大学によって異なるので、必ずしも両科目の配点が1対1とはならない点には留意が必要である。また、共通テストのリーディングの問題文はすべて英語で、さらにセンター試験と比べると会話表現や日常生活で用いるレポートやブログ記事の読み取りなどの実践英語を問う出題の比重が大きくなった。

　以上のような特徴をもつ共通テストが導入された背景には、高等学校で培った思考力、判断力、表現力を適切に評価し、そのうえで大学入学後も継続してこれらの力を伸長できるようにすることがあった（文部科学省2019：2）。英語については「読む」「聴く」「話す」「書く」という4技能を大学入試で評価することが強調された。

　なお、当初共通テストへの移行に際して、英語での民間試験の活用や国語と数学での記述問題の導入が検討された。英語での民間試験の活用は、共通テストの時間帯で出題が困難な領域（例：「話す」「書く」）について、民間団体が行う各種資格試験の得点を大学入試に活用するというものであった（同上：8）。しかし、このような各種資格試験には受験料がかかり、また受験会場が限られており、住んでいる地域によっては遠方から宿泊を伴って受験をしなければならず、経済的・時間的負担を受験生に課すことになる。このような受験機会の格差への懸念から、共通テストでの英語民間試験の活用には否定的な意見が高まった。さらに、国語・数学での記述式の導入については、国公立大学等の個別・二次試験まで短期間での採点が求められるため、採点ミスなどへの不安が高まった。以上のような経緯から、共通テストでの英語民間試験の活用と国語と数学での記述問題の導入は見送られることになった（青木 2021）。

　これを受けて、2020年1月より文部科学省に設置された大学入試のあり方に関する検討会議で導入が見送られた内容について議論が進められた。

2021 年 7 月に同会議より、英語の 4 技能に加えて、記述問題で思考力、判断力、表現力を評価することは各大学の個別・二次試験で行うことが適切であると提言された（文部科学省大学入試のあり方に関する検討会議 2021）。

2 成熟社会の到来

このように、一部の内容は見送られることになったが、センター試験から共通テストへの移行に際して、覚えたことをそのままアウトプットするだけではなく、覚えたものを基礎として思考、判断、表現することが重視されるようになった。このように問われる能力が変わった背景のひとつに成熟社会の到来がある。

成熟社会という言葉は、ノーベル物理学賞を受賞したイギリスの物理学者 D. ガボール（Gabor, Dennis 1900–1979）が著した *The Mature Society* のタイトルでもある。同書でガボールは成熟社会を「人口および物質的消費の成長はあきらめても、生活の質を成長させることはあきらめない世界であり、物質文明の高い水準にある平和かつ人類の性質と両立しうる世界」（ガボール 1973：5）と定義した。先進諸国では生産増大が成長として捉えられ、成長は人々の希望であり、成長さえすればよいという考えが浸透してきた。しかし、1970 年代に入り物的な飽和状態から成長が停滞し始めた。これまでのダイナミックな成長のなかで人々が消費する社会が終わり、これからは物質的消費ではなく生活の質の向上が重要になるとガボールは論じた（同上：3-4）。

同様の議論は、経済学でも展開されている。日本は1980年代後半に成熟社会に移行したと考えられている（小野 2012）。経済学の視点でいうと、成熟社会は「生産力が十分にあり、物やサービスが満ち足りて、逆に需要の方が足りなくなった」（同上：2）社会を意味する。

これについて関連するデータを確認してみたい。図表9–1 は 1966 年から 2013 年までの主要耐久消費財の普及率をまとめたものである。三種の神器

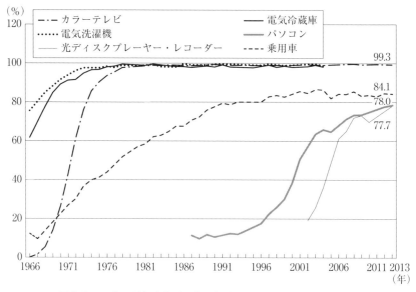

図表 9-1　主要耐久消費財の普及率（一般世帯・2人以上の世帯）

（備考1）各年3月末の数値。
（備考2）「電気冷蔵庫」と「電気洗濯機」の数値は、2004年（3月）までである。
（資料）内閣府「消費動向調査」。
（出典）経済産業省（2013：121）。

（電気洗濯機、電気冷蔵庫、白黒テレビ）という言葉に代表されるように、これ
らの家電製品は1950～60年代の人々にとってあこがれの存在であった（石
川ほか編 2001：298）。図表9-1が示すように、三種の神器のうち、電気冷蔵
庫や電気洗濯機は1970年代半ばに2人以上の一般世帯の普及率がほぼ
100％となった。また、新三種の神器や3Cと呼ばれたカラーテレビ、乗用
車、クーラー（佐々木ほか編 2005）のうち、カラーテレビは1970年代後半に
普及率がほぼ100％となった。他方、乗用車の普及率上昇は先述の家電製
品よりも緩やかであるが、1990年代以降には80％台を実現した。かつて
人々が熱望していた物を、多くの人々が手に入れられる状況となった。

　このように物が充足することで、人々は現状の生活に満足し、何か新し
い物を買おうという意欲が失われる。すなわち需要が低下する。そして、

需要が低下する分、人々は貯蓄や将来に備えた投資行動に向かう。他方、社会に物やサービスを供給できるだけの生産力があり、供給過剰となる。供給過剰になれば物やサービスの価格は下がり、デフレとなる。これによって貨幣価値が上がり、さらなる貯蓄や投資を促す。このような成熟社会では、これまでのようないかに生産力を上げるかということよりも、過剰となった供給・生産力を活かし、いかに自分の生活を物質的・精神的に豊かにし有意義なものにするかが問われるのである（小野 2012）。

　このような社会情勢の変化から、経済学の分析モデルにも変化がみられる。具体的には人々の心理行動に注目が集まるようになった。従来の経済学は「どのように個人や社会の生産力を上げるか」というリサーチ・クエスチョンに主眼を置き、個人の所得や国の GDP を従属変数とした分析モデルが構築されてきた。しかし、成熟社会の到来で物が飽和状態になることによって、人々は物的な豊かさから幸福が必ずしも得られないということが示されるようになった。有名な議論がアメリカの経済学者 R. A. イースターリン（Easterlin, Richard Ainley 1926-）が提示した「幸せのパラドックス」といわれるものである。

　イースターリンは先進国の国民所得と幸福度の相関を分析し、一定水準の所得を超えると、所得が高い国の人々の幸福度は必ずしも高くないことを明らかにした（Easterlin 1974）。幸福度の高い国としてブータンが紹介されることがあるが、ブータンの GDP は先進国よりも低い。まさにブータンは「幸せのパラドックス」の代表例である。このように従来の経済学モデルで現象を説明できないことを踏まえて、経済学は所得や GDP といった客観的な指標に加えて、人々の主観に着目した議論も展開されるようになった。幸福の経済学（例：フライ 2012；グラハム 2013）もその代表例である。

　また、幸福の経済学とは異なるが、行動経済学も人々の主観に着目した経済学の一領域である。従来の経済学は利己的・合理的な経済人を仮定してきたが、必ずしも人々は利己的・合理的な行動をするわけではない。こ

うした点に着目し、人々の認知や心理に着目したのが行動経済学である（大垣・田中 2018：大竹 2019）。行動経済学の発展に貢献し、2002 年にノーベル経済学賞を受賞した D. カーネマン（Kahneman, Daniel 1934-）の取得学位は博士（心理学）である。ここから行動経済学は心理学に依拠し発展してきたことが読み取れる。

3　成熟社会で求められる能力の具体的内容

　これまでの物やサービスが不足していた時代では、供給・生産力を上げることが重要であった。第 8 章で示したとおり、日本では明治時代に入り、近代国家化という生産力向上を進めるために、国家的事業（公教育）としての学校教育を整備し、国民の知識や技能を上げることが目指された。そして、知識や技能があることは社会で高く評価された。

　しかし、成熟社会では、物やサービスが充足するなかで、いかに自分の生活を物質的のみならず精神的にも豊かにするのかということ、すなわち物やサービスが「ありふれた」日常から何らかの新しさや価値を見出すことが重要となる。新しいものや価値を創造するためには知識や技能を保有するだけでは不十分で、習得した知識や技能を活用しようという意識や行動が求められる。

　このような社会の変化に伴う能力観の変容について、本田（2005）は図表 9-2 のように「近代型能力」と「ポスト近代型能力」という枠組みで整理した。近代社会の特徴は「何ができるか」という個人の業績を評価する業績主義にある。具体的には知識の習得や知的操作の速度などの「基礎学力」が「近代型能力」である。「近代型能力」は試験などの標準化された尺度で個人が比較可能なもので、一定の努力とノウハウがあればこれらの能力は習得も期待できる。また、近代社会では与えられたものに順応できること、組織・対人関係において他と協調できることが重宝される。

　他方、現代社会では個人によって多様で情動的な内容を含む「ポスト近

「近代型能力」	「ポスト近代型能力」
「基礎学力」	「生きる力」
標準性	多様性・新奇性
知識量、知的操作の速度	意欲、創造性
共通尺度で比較可能	個別性・個性
順応性	能動性
協調性、同質性	ネットワーク形成力、交渉力

図表 9-2 「近代型能力」と「ポスト近代型能力」
（出典）本田（2005：22）。

代型能力」が重視される。具体的には、既存の枠組みに適応するのではな
く、自らで新しいものを創造し、人的なネットワークについても異質な集
団のなかでも関係を構築できる能力が求められる。しかし、「ポスト近代
型能力」は個人の努力によって必ずしも習得できるものでなく、また個別
性が強いことから能力の測定が困難で、能力の育成に向けた方策も難しい
（同上）。

さらに、今日の学校教育に育成が期待される能力に関する議論について、
以下では3つ紹介する。

1）OECD のキー・コンピテンシー

OECD（Organisation for Economic Co-operation and Development：経済協力開発
機構）は 1997 年から 2003 年にかけて「コンピテンシーの定義と選択」
（Definition and Selection of Competencies：DeSeCo）プロジェクトを行った。こ
のプロジェクトの目的は、グローバル化が進むなかで国際的に共通して重
要となる資質・能力を定義し、これを評価できる指標を開発することに
あった（松尾 2015：14-15）。

各国の専門家や政策担当者の間で議論された結果、キー・コンピテン
シーについて、次のようにまとめられた。まず DeSeCo プロジェクトは、
コンピテンシーを「（人が）特定の状況の中で（技能や態度を含む）心理社会
的な資源を引き出し、動員して、より複雑な需要に応じる能力」（同上：15）

と定義した。さらに、コンピテンシーは個人と社会の発展双方にとって価値があり、さまざまな状況で複雑な要求・課題に対応するために活用できるもので、すべての人々にとって重要であるものと位置づけられた（同上：15）。

キー・コンピテンシーはそのなかで特に重要なものを意味し、同プロジェクトでは、次の3つがキー・コンピテンシーとして提示された（同上：15-16、図表9-3）。第1に、「相互作用的に道具を用いる力」である。これを構成するものは「言語、シンボル、テクストを相互作用的に用いる能力」「知識や情報を相互作用的に用いる能力」「技術を相互作用的に用いる能力」である。第2に、「異質な集団で交流する力」である。具体的には「他者とうまく関わる能力」「協働する能力」「紛争を処理し、解決する能力」である。第3に、「自律的に活動する力」である。これは「大きな展望の中で活動する能力」「人生計画や個人的プロジェクトを設計し実行する能力」

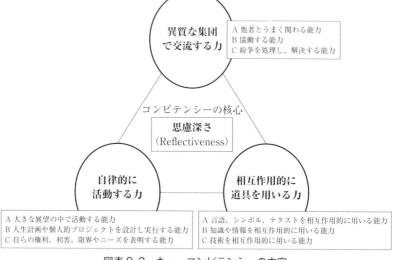

図表9-3　キー・コンピテンシーの内容
（出典）国立教育政策研究所（2009）をもとに筆者作成。

「自らの権利、利害、限界やニーズを表明する能力」から構成される。そして、キー・コンピテンシーの中核には、多面的な判断を行い、自分の行為に責任をもつ「思慮深さ」を位置づけた。

なお、2000 年以降、15 歳の生徒を対象に 3 年おきに実施されている OECD の PISA（Programme for International Student Assessment：生徒の学習到達度調査）は、キー・コンピテンシーのうちの「相互作用的に道具を用いる力」を調査するものである（松下 2011）。

2)「学力の三要素」

学校教育法第30条第2項は「生涯にわたり学習する基盤が培われるよう、基礎的な知識及び技能を習得させるとともに、これらを活用して課題を解決するために必要な思考力、判断力、表現力その他の能力をはぐくみ、主体的に学習に取り組む態度を養うことに、特に意を用いなければならない」（下線部筆者）と規定する。ここで示された「知識・技能」「思考力、判断力、表現力」「主体的に学習に取り組む態度」は「学力の三要素」と呼ばれる。

学力の三要素は、2017 年度から 2019 年度にかけて改訂された学習指導要領で、教科等の「育成すべき資質・能力の三つの柱」で示された次のものに対応する（文部科学省 2018）。学力の三要素の「知識・技能」は、学習指導要領で育成すべき資質・能力の「何を理解しているか、何ができるか」に対応する。「思考力、判断力、表現力」は学習指導要領の「理解していること・できることをどう使うか」に対応し、「主体的に学習に取り組む態度」は学習指導要領の「学びに向かう力、人間性等」という「どのように社会・世界と関わり、よりよい人生を送るか」に対応する。第 1 節で共通テスト導入の背景で言及した「思考力、判断力、表現力」というのは、学力の三要素の当該要素のことを表す。思考力、判断力、表現力は学習指導要領で小学校から高等学校までにかけて育成すべき資質・能力として示された。その達成状況を評価する一環として、共通テストが位置づけられた。

3）非認知能力（社会情動的スキル）

　アメリカの経済学者 J. J. ヘックマン（Heckman, James Joseph 1944–）は 2000 年にノーベル経済学賞を受賞した。ヘックマンは知能や IQ などの認知能力（Cognitive Skills / Abilities）に対して、動機づけ、粘り強さ、自尊心などのパーソナリティ特性を非認知能力（Noncognitive Skills / Abilities）と定義し、非認知能力が人々の生活に与える影響を分析した。その結果、認知能力のみならず、非認知能力が高い人ほど賃金、学歴、就職、職業選択など社会経済的な面で成功すること、さらに非認知能力は教育で介入可能なものであることが示された（Heckman, Stixrud & Urzua 2006）。ヘックマンの研究から学術的刺激を受けて、非認知能力への注目が高まっている（高橋 2016）。

　OECD も「社会情動的スキル」として非認知能力に対して関心をもち、これまで各国・地域の状況を調査してきた。一連の調査から認知能力と非認知能力をバランスよく育成することが重要であること、またヘックマン（2015）も実証したように、非認知能力は幼児期から青年期早期に伸ばせることが明らかになった（経済協力開発機構編著 2018）。

4　成熟社会で求められる能力を読み解く

　このように成熟社会で求められる能力について、これまで研究者や政策立案者等によって多様な研究が行われ、関連する議論も多岐にわたって展開されてきた。これらの議論で共通するのは、成熟社会である現代社会を生きるためには、知識・技能の習得にとどまるだけでは不十分で、習得した知識・技能を活用することが重視されていることである。

　本章で注目した「ポスト近代型能力」「キー・コンピテンシー」「学力の三要素」「非認知能力」（社会情動的スキル）はいずれも 2000 年代に入り普及した言葉である。しかし、歴史をひも解けば、類似する議論はそれ以前から存在する。例えば、広岡（1964）は「高い科学的な学力、しかも生きた発

展的な学力」として、外層（要素的な知識・技能）、中層（関係的な理解・総合的な技術）、内層（思考態度、操作態度、感受表現態度）という3層の構造をもつ学力を提示した。知識と態度の双方を学力に組み込んだ点は、先述した成熟社会で求められる能力と共通する。その意味で、成熟社会で求められる能力は、現代社会にとどまらず、どのような社会であっても必要なものかもしれない。

　また、日本を含む各国の教育政策に対するOECDの影響力が増しており、これに伴い、能力の捉え方が国・地域を超えて均質的になることも考えられる。現にPISAにより、各国で教育政策や教育制度をめぐる同型化が進んでいる（Meyer & Benavot 2013）。また、PISAの得点が高く経済的に豊かな国が、同調査の得点が低く経済的にも不利な国に対してコンサルティング事業を行うという「グローバル教育政策市場」が勃興する実態もある（林 2016）。PISAで最上位群のフィンランドに関する図書や論文が日本で広く読まれるのもまさにこの現象とかかわる。もちろんフィンランドの教育事情を参照することは、日本の教育にヒントをもたらすこともあろう。しかし、いうまでもないが、日本とフィンランドはそもそも別の国であり、各国の状況や教育に対する国民・市民の期待も異なる。経済連携などのグローバル化が進む時代だからこそ、それぞれの国・地域は独自の視点に立ち、自身の重視したい能力についてあらためて考えることも大切になるであろう。

探してみようキーワード

成熟社会　幸福　OECD（経済協力開発機構）　キー・コンピテンシー　PISA（生徒の学習到達度調査）　学力の三要素　知識・技能　思考力、判断力、表現力　認知能力　非認知能力（社会情動的スキル）

引用文献

青木栄一 2021『文部科学省——揺らぐ日本の教育と学術』中央公論新社（中公新書）。

石川弘義・津金澤聰廣・有末賢ほか編 2001『大衆文化事典』弘文堂。

大垣昌夫・田中沙織 2018『行動経済学——伝統的経済学との統合による新しい経済学を目指して（新版）』有斐閣。

大竹文雄 2019『行動経済学の使い方』岩波書店（岩波新書）。

小野善康 2012『成熟社会の経済学——長期不況をどう克服するか』岩波書店（岩波新書）。

ガボール，D.（林雄二郎訳）1973『成熟社会——新しい文明の選択』講談社。

河合塾 2023「共通テストについて理解しよう」（入手先 URL：https://www.keinet.ne.jp/exam/basic/structure/center.html，最終閲覧日：2023 年 8 月 31 日）。

グラハム，C.（多田洋介訳）2013『幸福の経済学——人々を豊かにするものは何か』日本経済新聞出版社。

経済協力開発機構編著 2018『社会情動的スキル——学びに向かう力』明石書店。

経済産業省 2013「2013 年版ものづくり白書」。

国立教育政策研究所 2009「キー・コンピテンシーの生涯学習政策指標としての活用可能性に関する調査研究」（入手先 URL：https://www.nier.go.jp/04_kenkyu_annai/div03-shogai-lnk1.html，最終閲覧日：2023 年 8 月 31 日）。

佐々木毅・鶴見俊輔・富永健一ほか編 2005『戦後史大事典（増補新版）』三省堂。

高橋雄介 2016「パーソナリティ特性研究をはじめとする個人差研究の動向と今後の展望・課題」『教育心理学年報』第 55 巻，38-56 頁。

林寛平 2016「グローバル教育政策市場を通じた『教育のヘゲモニー』の形成——教育研究所の対外戦略をめぐる構造的問題の分析」『日本教育行政学会年報』第 42 号，147-163 頁。

広岡亮蔵 1964「学力、基礎学力とはなにか——高い学力、生きた学力」『別冊現代教育科学』第 1 号，5-32 頁。

フライ，B. S.（白石小百合訳）2012『幸福度をはかる経済学』NTT 出版。

ヘックマン，J. J.（大竹文雄解説、古草秀子訳）2015『幼児教育の経済学』東洋経済新報社。

Benesse 2022「センター試験とは？ 大学入学共通テストとの違いや対策をわかりやすく解説」（入手先 URL：https://www.benesse.co.jp/zemi/media/article/kou_center/，最終閲覧日：2023 年 8 月 31 日）。

本田由紀 2005『多元化する「能力」と日本社会——ハイパー・メリトクラシー化のなかで』NTT 出版。

松尾知明 2015『21 世紀型スキルとは何か——コンピテンシーに基づく教育改革の国

際比較』明石書店。

松下佳代 2011「〈新しい能力〉による教育の変容——DeSeCo キー・コンピテンシー
と PISA リテラシーの検討」『日本労働研究雑誌』第 614 号、39–49 頁。

文部科学省 2018『小学校学習指導要領（平成 29 年告示）解説総則編　平成 29 年 7
月』東洋館出版社。

文部科学省 2019「高大接続改革の進捗状況について（中央教育審議会初等中等教育
分科会　2019 年 1 月 18 日配布資料 4）」。

文部科学省大学入試のあり方に関する検討会議 2021「提言概要」。

Easterlin, R. A. 1974. Does Economic Growth Improve the Human Lot?: Some
Empirical Evidence. *Nations and Households in Economic Growth*, 89–125.

Heckman, J. J., Stixrud, J. & Urzua, S. 2006. The Effects of Cognitive and
Noncognitive Abilities on Labor Market Outcomes and Social Behavior. *Journal of
Labor Economics*, 24(3), 411–482.

Meyer, H.-D. & Benavot, A. 2013. *PISA, Power, and Policy: The Emergence of
Global Educational Governance*. Oxford: Symposium Books.

さらなる学修のために

**青木栄一 2021『文部科学省——揺らぐ日本の教育と学術』中央公論新社（中公
新書）。**

文部科学省の分析にとどまらず、本書で取り上げた大学入試改革を含む、この
間の教育改革に関する構造的理解を深める書として、一読を推奨する。

小塩真司編著 2021『非認知能力——概念・測定と教育の可能性』北大路書房。

近年注目されている非認知能力の定義とこれを構成する心理的な概念につい
て関連研究の動向を解説・整理した書である。

**山内乾史・原清治編著 2010『論集日本の学力問題　上巻——学力論の変遷』
日本図書センター。**

戦後日本で展開された学力に関する代表的な論文を収録し、日本で展開され
てきた学力論を知ることができる書である。

コラム2　「学園もの」にみる教師の名台詞——教材としてのテレビドラマ

　『3年B組金八先生』(1979〜2011年・TBS系列)は、「学園もの」テレビドラマの金字塔であるといっても過言ではない。武田鉄矢が演じる中学校教員坂本金八は、担任学級で生じるさまざまな問題を体当たりで解決していく。時代は、校内暴力や生徒の非行が社会問題化した1980年代。手に負えない不良少年としてその名を轟かせた、直江喜一が演じる加藤優が、坂本のいる桜中学に転校してくる。卒業式が近づいたある日、不良グループの学校への不満が爆発する。その矛先は加藤を放校した荒谷二中の教員へと向けられ、加藤らは学校長を監禁し、警察を巻き込んでの騒動になる。不良グループの処遇をめぐって開催された、教員・保護者・警察の間でもたれた緊急会議の席上で坂本は、担任教師として加藤らを庇い、涙ながらにこう発言するのだ。「われわれはみかんや機械をつくっているんじゃないんです。毎日人間をつくっているんです。人間のふれあいのなかでわれわれは生きているんです。たとえ世の中がどうであれ、教師が生徒を信じなかったら、教師は一体何のために存在しているんですか！　お願いです、教えてください！」(第2シリーズ・第24回「卒業式前の暴力(2)」)アツい教師、坂本金八の真骨頂ともいうべき名場面である。

　一方、上記のようないわゆる「熱血教師もの」とは対照的な名作がある。それが『女王の教室』(2005年・日本テレビ系列)だ。天海祐希が演じる小学校教員阿久津真矢は、強権的な態度で児童と対峙していく。新学期初日、学級の決めごとはすべてテストの順位で決定し、成績のよい生徒には特権を与え、逆に成績の悪い生徒には雑用係をさせるという学級のルールを説明した後、これに異議を申し立てる児童に向けられたのが、次の台詞である。「いい加減、目覚めなさい。(中略)特権階級の人たちが、あなたたちに何を望んでいるか知ってる？　今のまま、ずーっと愚かでいてくれればいいの。世の中の仕組みや、不公平なんかに気づかず、テレビや漫画でもぼーっとみて何も考えず、会社に入ったら、上司のいうことを大人しく聞いて、戦争が始まったら、真っ先に危険なところに行って戦ってくれればいいの」(第1話「悪魔のような鬼教師に戦いを挑んだ六年生の一年間の記録」)阿久津の、この社会の現実を見据える透徹したまなざしが冴え渡る。

　学園もののテレビドラマでは、しばしば「型破りな先生」が登場し、感動的な台詞を吐く。そのなかには教育の名言・格言ともいうべきものも数多く含まれている。テレビドラマという「フィクション」からも、私たちは教育という営みについて多くを学ぶことができるのである。学園ものをみて、自分なりの「名言集」「格言集」をつくってみてはどうだろう。そこには、あなた自身の教育の理念を確立するためのヒントが見出されるかもしれない。

資　　　料

●教育基本法

●教育基本法（旧法）

●第一次アメリカ教育使節団報告書（要旨）

●学制序文（学事奨励に関する被仰出書）

●学習指導要領　一般編（試案）

教育基本法

平成 18 年 12 月 22 日法 120
平成 18 年 12 月 22 日施行

教育基本法（昭和 22 年法律第 25 号）の全部を改正する。我々日本国民は、たゆまぬ努力によって築いてきた民主的で文化的な国家を更に発展させるとともに、世界の平和と人類の福祉の向上に貢献することを願うものである。我々は、この理想を実現するため、個人の尊厳を重んじ、真理と正義を希求し、公共の精神を尊び、豊かな人間性と創造性を備えた人間の育成を期するとともに、伝統を継承し、新しい文化の創造を目指す教育を推進する。ここに、我々は、日本国憲法の精神にのっとり、我が国の未来を切り拓く教育の基本を確立し、その振興を図るため、この法律を制定する。

第 1 章　教育の目的及び理念

第 1 条（教育の目的）　教育は、人格の完成を目指し、平和で民主的な国家及び社会の形成者として必要な資質を備えた心身ともに健康な国民の育成を期して行われなければならない。

第 2 条（教育の目標）　教育は、その目的を実現するため、学問の自由を尊重しつつ、次に掲げる目標を達成するよう行われるものとする。

1　幅広い知識と教養を身に付け、真理を求める態度を養い、豊かな情操と道徳心を培うとともに、健やかな身体を養うこと。

2　個人の価値を尊重して、その能力を伸ばし、創造性を培い、自主及び自律の精神を養うとともに、職業及び生活との関連を重視し、勤労を重んずる態度を養うこと。

3　正義と責任、男女の平等、自他の敬愛と協力を重んずるとともに、公共の精神に基づき、主体的に社会の形成に参画し、

その発展に寄与する態度を養うこと。

4　生命を尊び、自然を大切にし、環境の保全に寄与する態度を養うこと。

5　伝統と文化を尊重し、それらをはぐくんできた我が国と郷土を愛するとともに、他国を尊重し、国際社会の平和と発展に寄与する態度を養うこと。

第 3 条（生涯学習の理念）　国民一人一人が、自己の人格を磨き、豊かな人生を送ることができるよう、その生涯にわたって、あらゆる機会に、あらゆる場所において学習することができ、その成果を適切に生かすことのできる社会の実現が図られなければならない。

第 4 条（教育の機会均等）　すべて国民は、ひとしく、その能力に応じた教育を受ける機会を与えられなければならず、人種、信条、性別、社会的身分、経済的地位又は門地によって、教育上差別されない。

②　国及び地方公共団体は、障害のある者が、その障害の状態に応じ、十分な教育を受けられるよう、教育上必要な支援を講じなければならない。

③　国及び地方公共団体は、能力があるにもかかわらず、経済的理由によって修学が困難な者に対して、奨学の措置を講じなければならない。

第 2 章　教育の実施に関する基本

第 5 条（義務教育）　国民は、その保護する子に、別に法律で定めるところにより、普通教育を受けさせる義務を負う。

②　義務教育として行われる普通教育は、各個人の有する能力を伸ばしつつ社会において自立的に生きる基礎を培い、また、国家及び社会の形成者として必要とされる基本的な資質を養うことを目的として行われるものとする。

③　国及び地方公共団体は、義務教育の機会を保障し、その水準を確保するため、適

切な役割分担及び相互の協力の下、その実施に責任を負う。

④ 国又は地方公共団体の設置する学校における義務教育については、授業料を徴収しない。

第6条（学校教育） 法律に定める学校は、公の性質を有するものであって、国、地方公共団体及び法律に定める法人のみが、これを設置することができる。

② 前項の学校においては、教育の目標が達成されるよう、教育を受ける者の心身の発達に応じて、体系的な教育が組織的に行われなければならない。この場合において、教育を受ける者が、学校生活を営む上で必要な規律を重んずるとともに、自ら進んで学習に取り組む意欲を高めることを重視して行われなければならない。

第7条（大学） 大学は、学術の中心として、高い教養と専門的能力を培うとともに、深く真理を探究して新たな知見を創造し、これらの成果を広く社会に提供することにより、社会の発展に寄与するものとする。

② 大学については、自主性、自律性その他の大学における教育及び研究の特性が尊重されなければならない。

第8条（私立学校） 私立学校の有する公の性質及び学校教育において果たす重要な役割にかんがみ、国及び地方公共団体は、その自主性を尊重しつつ、助成その他の適当な方法によって私立学校教育の振興に努めなければならない。

第9条（教員） 法律に定める学校の教員は、自己の崇高な使命を深く自覚し、絶えず研究と修養に励み、その職責の遂行に努めなければならない。

② 前項の教員については、その使命と職責の重要性にかんがみ、その身分は尊重され、待遇の適正が期せられるとともに、養成と研修の充実が図られなければならない。

第10条（家庭教育） 父母その他の保護者は、子の教育について第一義的責任を有するものであって、生活のために必要な習慣を身に付けさせるとともに、自立心を育成し、心身の調和のとれた発達を図るよう努めるものとする。

② 国及び地方公共団体は、家庭教育の自主性を尊重しつつ、保護者に対する学習の機会及び情報の提供その他の家庭教育を支援するために必要な施策を講ずるよう努めなければならない。

第11条（幼児期の教育） 幼児期の教育は、生涯にわたる人格形成の基礎を培う重要なものであることにかんがみ、国及び地方公共団体は、幼児の健やかな成長に資する良好な環境の整備その他適当な方法によって、その振興に努めなければならない。

第12条（社会教育） 個人の要望や社会の要請にこたえ、社会において行われる教育は、国及び地方公共団体によって奨励されなければならない。

② 国及び地方公共団体は、図書館、博物館、公民館その他の社会教育施設の設置、学校の施設の利用、学習の機会及び情報の提供その他の適当な方法によって社会教育の振興に努めなければならない。

第13条（学校、家庭及び地域住民等の相互の連携協力） 学校、家庭及び地域住民その他の関係者は、教育におけるそれぞれの役割と責任を自覚するとともに、相互の連携及び協力に努めるものとする。

第14条（政治教育） 良識ある公民として必要な政治的教養は、教育上尊重されなければならない。

② 法律に定める学校は、特定の政党を支持し、又はこれに反対するための政治教育その他政治的活動をしてはならない。

第15条（宗教教育） 宗教に関する寛容の態度、宗教に関する一般的な教養及び宗教

の社会生活における地位は、教育上尊重されなければならない。

② 国及び地方公共団体が設置する学校は、特定の宗教のための宗教教育その他宗教的活動をしてはならない。

第3章 教育行政

第16条（教育行政） 教育は、不当な支配に服することなく、この法律及び他の法律の定めるところにより行われるべきものであり、教育行政は、国と地方公共団体との適切な役割分担及び相互の協力の下、公正かつ適正に行われなければならない。

② 国は、全国的な教育の機会均等と教育水準の維持向上を図るため、教育に関する施策を総合的に策定し、実施しなければならない。

③ 地方公共団体は、その地域における教育の振興を図るため、その実情に応じた教育に関する施策を策定し、実施しなければならない。

④ 国及び地方公共団体は、教育が円滑かつ継続的に実施されるよう、必要な財政上の措置を講じなければならない。

第17条（教育振興基本計画） 政府は、教育の振興に関する施策の総合的かつ計画的な推進を図るため、教育の振興に関する施策についての基本的な方針及び講ずべき施策その他必要な事項について、基本的な計画を定め、これを国会に報告するとともに、公表しなければならない。

② 地方公共団体は、前項の計画を参酌し、その地域の実情に応じ、当該地方公共団体における教育の振興のための施策に関する基本的な計画を定めるよう努めなければならない。

第4章 法令の制定

第18条 この法律に規定する諸条項を実施するため、必要な法令が制定されなければならない。

附 則 （抄）

（施行期日） ①この法律は、公布の日から施行する。

教育基本法 （旧法）

昭和22年3月31日法25
昭和22年3月31日施行

　われらは、さきに、日本国憲法を確定し、民主的で文化的な国家を建設して、世界の平和と人類の福祉に貢献しようとする決意を示した。この理想の実現は、根本において教育の力にまつべきものである。

　われらは、個人の尊厳を重んじ、真理と平和を希求する人間の育成を期するとともに、普遍的にしてしかも個性ゆたかな文化の創造をめざす教育を普及徹底しなければならない。

　ここに、日本国憲法の精神に則り、教育の目的を明示して、新しい日本の教育の基本を確立するため、この法律を制定する。

第1条（教育の目的） 教育は、人格の完成をめざし、平和的な国家及び社会の形成者として、真理と正義を愛し、個人の価値をたつとび、勤労と責任を重んじ、自主的精神に充ちた心身ともに健康な国民の育成を期して行われなければならない。

第2条（教育の方針） 教育の目的は、あらゆる機会に、あらゆる場所において実現されなければならない。この目的を達成するためには、学問の自由を尊重し、実際生活に即し、自発的精神を養い、自他の敬愛と協力によって、文化の創造と発展に貢献するように努めなければならない。

第3条（教育の機会均等） すべて国民は、ひとしく、その能力に応ずる教育を受ける機会を与えられなければならないものであって、人種、信条、性別、社会的身分、経済的地位又は門地によって、教育上差別

されない。

② 国及び地方公共団体は、能力があるにもかかわらず、経済的理由によって修学困難な者に対して、奨学の方法を講じなければならない。

第4条（義務教育）　国民は、その保護する子女に、9年の普通教育を受けさせる義務を負う。

② 国又は地方公共団体の設置する学校における義務教育については、授業料は、これを徴収しない。

第5条（男女共学）　男女は、互いに敬重し、協力しあわなければならないものであつて、教育上男女の共学は、認められなければならない。

第6条（学校教育）　法律に定める学校は、公の性質をもつものであつて、国又は地方公共団体の外、法律に定める法人のみが、これを設置することができる。

② 法律に定める学校の教員は、全体の奉仕者であって、自己の使命を自覚し、その職責の遂行に努めなければならない。このためには、教員の身分は、尊重され、その待遇の適正が、期せられなければならない。

第7条（社会教育）　家庭教育及び勤労の場所その他社会において行われる教育は、国及び地方公共団体によって奨励されなければならない。

② 国及び地方公共団体は、図書館、博物館、公民館等の施設の設置、学校の施設の利用その他適当な方法によって教育の目的の実現に努めなければならない。

第8条（政治教育）　良識ある公民たるに必要な政治的教養は、教育上これを尊重しなければならない。

② 法律に定める学校は、特定の政党を支持し、又はこれに反対するための政治教育その他政治的活動をしてはならない。

第9条（宗教教育）　宗教に関する寛容の態度及び宗教の社会生活における地位は、教育上これを尊重しなければならない。

② 国及び地方公共団体が設置する学校は、特定の宗教のための宗教教育その他宗教的活動をしてはならない。

第10条（教育行政）　教育は、不当な支配に服することなく、国民全体に対し直接に責任を負って行われるべきものである。

② 教育行政は、この自覚のもとに、教育の目的を遂行するに必要な諸条件の整備確立を目標として行われなければならない。

第11条（補則）　この法律に掲げる諸条項を実施するために必要がある場合には、適当な法令が制定されなければならない。

附　則

　この法律は、公布の日から、これを施行する。

第一次アメリカ教育使節団報告書（要旨）
（昭和21年3月31日）

　ジョージ・D・スダダード博士を団長とする米国教育界代表二十七名より成る米国教育使節団は、本報告の作成に当り日本に本年三月の一か月間滞在し、その間連合国最高司令部民間情報教育部教育課の将校および日本の文部大臣の指名にかかる日本側教育者委員、および日本の学校および各種職域の代表者とも協議をとげたのである。本報告は本使節団の各員の審議を基礎として作製し、ここに連合国最高司令官に提出する次第である。本使節団は占領当初の禁止的指令、例えば帝国主義および国家主義的神道を学校から根絶すべしというが如きものの必要は、十分認めるものではあるが、今回は積極的提案をなすことに主要な重点を置いたのである。

　本使節団はかくすることにより、日本人

がみずからその文化のなかに、健全な教育制度再建に必要な諸条件を樹立するための援助をしょうと努めた次第である。

日本の教育の目的および内容高度に中央集権化された教育制度は、かりにそれが極端な国家主義と軍国主義の網の中に捕えられていないにしても、強固な官僚政治にともなう害悪を受けるおそれがある。教師各自が画一化されることなく適当な指導の下に、それぞれの職務を自由に発展させるためには、地方分権化が必要である。かくするとき教師は初めて、自由な日本国民を作りあげる上に、その役割をはたしうるであろう。この目的のためには、ただ一冊の認定教科書や参考書では得られぬ広い知識と、型通りの試験では試され得ぬ深い知識が、得られなくてはならない。カリキュラムは単に認容された一体の知識だけではなく、学習者の肉体的および精神的活動をも加えて構成されているものである。それには個々の生徒の異たる学習体験および能力の相違が考慮されるのである。それ故にそれは教師をふくめた協力活動によって作成され、生徒の経験を活用しその独創力を発揮させなくてはならないのである。

日本の教育では独立した地位を占め、かつ従来は服従心の助長に向けられて来た修身は、今までとは異った解釈が下され、自由な国民生活の各分野に行きわたるようにしなくてはならぬ。平等を促す礼儀作法・民主政治の協調精神および日常生活における理想的技術精神、これらは、皆広義の修身である。これらは、民主的学校の各種の計画および諸活動の中に発展させ、かつ実行されなくてはならない。地理および歴史科の教科書は、神話は神話として認め、そうして従前より一そう客観的な見解が教科

書や参考書の中に現われるよう、書き直す必要があろう。初級中級学校に対しては地方的資料を従来より一そう多く使用するようにし、上級学校においては優秀なる研究を、種々の方法により助成しなくてはならない。

保健衛生教育および体育の計画は教育全計画の基礎となるものである。身体検査・栄養および公衆衛生についての教育・体育と娯楽厚生計画を大学程度の学校にまで延長し、また、できるだけ速かに諸設備を取替えるよう勧告する。職業教育はあらゆる水準の学校において強調されるべきものである。よく訓練された職員の指導の下に、各種の職業的経験が要望せられ、同時に工芸、およびその基礎たる技術および理論に重点を置くべきである。技術工および労働者の寄与に対しては、これを社会研究のプログラム中に組み入れ、かつ独創性を発揮する機会が与えられるべきである。

国語の改革　国字の問題は教育実施上のあらゆる変革にとって基本的なものである。国語の形式のいかなる変更も、国民の中から湧き出てこなければならないものであるが、かような変更に対する刺戟の方は、いかなる方面から与えられても差しつかえない。単に教育計画のためのみならず、将来の日本の青年子弟の発展のためにも、国語改革の重大なる価値を認める人々に対して、激励を与えて差しつかえないのである。何かある形式のローマ字が一般に使用されるよう勧告される次第である。適当なる期間内に、国語に関する総合的な計画を発表する段取にいたるように日本人学者・教育指導者・政治家より成る国語委員会が、早急に設置されるよう提案する次第である。この委員会はいかなる形式のローマ字を採用

するかを決定するほか、次の役目を果すことになろう。すなわち

　（一）過渡期における国語改革計画の調整に対する責任をとること。（二）新聞・雑誌・書籍およびその他の文書を通じて、学校および一般社会ならびに国民生活にローマ字を採用するための計画を立てること。（三）口語体の形式をより民主的にするための方策の研究。

　かかる委員会はゆくゆくは国語審議機関に発展する可能性があろう。文字による簡潔にして能率的な伝達方法の必要は十分認められているところで、この重大なる処置を講ずる機会は現在が最適で将来かかる機会はなかなかめぐってこないであろう。言語は交通路であって、障壁であってはならない。この交通路は国際間の相互の理解を増進するため、また知識および思想を伝達するためにその国境を越えた海外にも開かれなくてはならない。

　初等および中等学校の教育行政　教育の民主化の目的のために、学校管理を現在の如く中央集権的なものよりむしろ地方分権的なものにすべきであるという原則は、人の認めるところである。学校における勅語の朗読・御真影の奉拝等の式を挙げることは望ましくない。文部省は本使節団の提案によれば、各種の学校に対し技術的な援助および専門的な助言を与えるという重要な任務を負うことになるが、地方の学校に対するその直接の支配力は大いに減少することであろう。市町村および都道府県の住民を広く教育行政に参画させ、学校に対する内務省地方官吏の管理行政を排除するために、市町村および都道府県に一般投票により選出せる教育行政機関の創設を、われわれは提案する次第である。かかる機関には学校の認可・教員の免許状の附与・教科書の選定に関し相当の権限が附与されるであろう。現在はかかる権限は全部中央の文部省ににぎられている。

　課税で維持し、男女共学制を採り、かつ授業料無徴収の学校における義務教育の引上げをなし、修業年限を九か年に延長、換言すれば生徒が十六歳に達するまで教育を施す年限延長改革案をわれわれは提案する。さらに、生徒は最初の六か年は現在と同様小学校において、次の三か年は、現在小学校の卒業児童を入学資格とする各種の学校の合併改変によって創設されるべき「初級中等学校」において、修学することをわれわれは提案する。これらの学校においては、全生徒に対し職業および教育指導をふくむ一般的教育が施されるべきであり、かつ個々の生徒の能力の相違を考慮しうるよう、十分弾力性を持たせなくてはならない。さらに三年制の「上級中等学校」をも設置し、授業料は無徴収、ゆくゆくは男女共学制を採り、初級中等学校よりの進学希望者全部に種々の学習の機会が提供されるようにすべきである。

　初級と上級の中等学校が相伴って、課税により維持されている現在のこの程度の他の諸学校、すなわち小学校高等科・高等女学校・予科・実業学校および青年学校等の果しつつある種々の職能を、継続することになろう。上級中等学校の卒業は、さらに上級の学校への入学条件とされるであろう。本提案によれば、私立諸学校は、生徒が公私立を問わず相互に容易に転校できるようにするため、必要欠くべからざる最低標準に従うことは当然期待されるところであるが、それ以外は、完全な自由を保有するこ

とになろう。

　教授法と教師養成教育　新しい教育の目的を達成するためには、つめこみ主義、画一主義および忠孝のような上長への服従に重点を置く教授法は改められ、各自に思考の独立・個性の発展および民主的公民としての権利と責任とを、助長するようにすべきである。例えば、修身の教授は、口頭の教訓によるよりも、むしろ学校および社会の実際の場合における経験から得られる教訓によって行われるべきである。教師の再教育計画は、過渡期における民主主義的教育方法の採用をうながすために、樹立せらるべきである。それがやがて教師の現職教育の一つに発展するよう計画を立てるよう提案する。師範学校は、必要とせられる種類の教師を養成するように、改革されるべきである。師範学校は現在の中学校と同程度の上級中等学校の全課程を修了したるものだけに入学を許し、師範学校予科の現制度は廃止すべきである。現在の高等師範学校とほとんど同等の水準において、再組織された師範学校は四年制となるべきである。この学校では一般教育が続けられ、未来の訓導や教諭に対して十分なる師範教育が授けられるであろう。教員免許状授与をなすその他の教師養成機関においては、公私を問わず新師範学校と同程度の教師養成訓練が、十分に行われなくてはならない。教育行政官および監督官も、教師と同等の師範教育を受け、さらにその与えられるべき任務に適合するような準備教育を受けなくてはならぬ。大学およびその他の高等教育機関は、教師や教育関係官吏がさらに進んだ研究をなしうるような施設を拡充すべきである。それらの学校では、研究の助成と教育指導の実を挙げるべきである。

　成人教育　日本国民の直面する現下の危機において、成人教育は極めて重大な意義を有する。民主主義国家は個々の国民に大なる責任を持たせるからである。学校は成人教育の単なる一機関にすぎないものであるが、両親と教師が一体となった活動により、また成人のための夜学や講座公開により、さらに種々の社会活動に校舎を開放すること等によって、成人教育は助長されるのである。一つの重要な成人教育機関は公立図書館である。大都市には中央公立図書館が多くのその分館とともに設置されるべきで、あらゆる都道府県においても適当な図書館施設の準備をなすべきである。この計画を進めるには文部省内に公立図書館局長を任命するのがよい。科学・芸術および産業博物館も図書館と相まって教育目的に役立つであろう。これに加うるに、社会団体・専門団体・労働組合・政治団体等をふくむあらゆる種類の団体組織が、座談会および討論会の方式を有効に利用するよう、援助しなくてはならない。これらの目的の達成を助長するために、文部省の現在の「成人教育」事務に活を入れ、かつその民主化を計らなくてはならぬ。

　高等教育　日本の自由主義思潮は、第一次世界大戦に続く数年の間に、主として大学専門学校教育を受けた男女によって形成された。高等教育は今や再び自由思想の果敢な探究、および国民のための希望ある行動の、模範を示すべき機会に恵まれている。これらの諸目的を果すために、高等教育は少数者の特権ではなく、多数者のための機会とならなくてはならぬ。

　高等程度の学校における自由主義教育の機会を増大するためには、大学に進む予科学校（高等学校）や専門学校のカリキュラ

ムを相当程度自由主義化し、以て一般的専門教育を、もっと広範囲の人々が受けられるようにすることが望ましいであろう。このことは、あるいは大学における研究を、あるいはまた現在専門学校で与えられるような半職業的水準の専門的訓練を、彼等に受けさせることとなるが、しかしそれは、より広範囲の文化的および社会的重要性を持つ訓練によって一そう充実することとなるであろう。

専門学校の数を増加するほかに、適当な計画に基いて大学の増設が行われるようわれわれは提案する。高等教育機関の設置や先に規定した諸要件の維持に関する監督には政府機関に責任を持たせるべきである。開校を許可する前に、申請せる高等教育機関の資格審査、および上述の第一要件を満足させているか否かを確認する役目以外には、その政府機関は、高等教育機関に対する統制権を与えられるべきではない。その高等教育機関は、みずから最善と考える方法でその目的を追求するために、あらゆる点において安全な自由を保有しなくてはならない。

高等教育機関における教授の経済的および学問的自由の確立は、また極めて重要で

ある。この目的達成のため、現在の文官制度の廃止が勧告される次第である。

学生にとって保証されるべき自由は、その才能に応じてあらゆる水準の高等な研究に進みうる自由である。有能な男女で学資の無いため研究を続けられぬ人々に、続いて研究ができるよう確実に保証してやるため、財政的援助が与えられなくてはならない。現在準備の出来ているすべての女子に対し、今ただちに高等教育への進学の自由が与えられなくてはならない。同時に女子の初等中等教育改善の処置もまた講ぜられなくてはならぬ。

図書館・研究施設および研究所の拡充をわれわれは勧告する。かかる機関は国家再建期およびその後においても、国民の福利に計り知れぬ重要な寄与をなしうるのである。医療・学校行政・ジャーナリズム・労務関係および一般国家行政の如き分野に対する専門教育の改善に対し特に注意を向ける必要がある。医療および公衆衛生問題の全般を研究する特別委員会の設置をわれわれは要望する。

※本報告書全文は国立公文書館デジタルアーカイブより閲覧可能。

学制序文（学事奨励に関する被仰出書）

太政官布告第 214 号

明治 5 年 8 月 2 日

人々自ら其身を立て其産を治め其業を昌にして以て其生を遂るゆゑんのものは他なし身を
脩め智を開き才芸を長ずるによるなり而て其身を脩め知を開き才芸を長ずるは学にあらざ
れば能はず是れ学校の設あるゆゑんにして日用常行言語書算を初め仕官農商百工技芸及び
法律政治天文医療等に至る迄凡人の営むところの事学あらさるはなし人能く其才のあると
ころに応じ勉励して之に従事ししかして後初て生を治め産を興し業を昌にするを得べしさ
れば学問は身を立るの財本ともいふべきものにして人たるもの誰か学ばずして可ならんや
夫の道路に迷ひ飢餓に陥り家を破り身を喪の徒の如きは畢竟不学よりしてかゝる過ちを生
ずるなり従来学校の設ありてより年を歴ること久しといへども或は其道を得ざるよりして
人其方向を誤り学問は士人以上の事とし農工商及婦女子に至つては之を度外におき学問の
何物たるを辨ぜず又士人以上の稀に学ぶものも動もすれば国家の為にすと唱へ身を立るの
基たるを知ずして或は詞章記誦の末に趨り空理虚談の途に陥り其論高尚に似たりといへど
も之を身に行ひ事に施すこと能ざるもの少からず是すなはち沿襲の習弊にして文明普ねか
らず才芸の長ぜずして貧乏破産喪家の徒多きゆゑんなり是故に人たるものは学ばずんばあ
るべからず之を学ぶに宜しく其旨を誤るべからず之に依て今般文部省に於て学制を定め
追々教則をも改正し布告に及ぶべきにつき自今以後一般の人民　華士族農工商及婦女子
必ず邑に不学の戸なく家に不学の人なからしめん事を期す人の父兄たるもの宜しく此意を
体認し其愛育の情を厚くし其子弟をして必ず学に従事せしめざるべからざるものなり　高
上の学に至ては其人の材能に任すといへども幼童の子弟は男女の別なく小学に従事せしめ
ざるものは其父兄の越度たるべき事

> 但従来沿襲の弊学問は士人以上の事とし国家の為にすと唱ふるを以て学費及其衣食の用
> に至る迄多く官に依頼し之を給するに非ざれば学ばざる事と思ひ一生を自棄するもの少
> からず是皆惑へるの甚しきもの也自今以後此等の弊を改め一般の人民他事を抛ち自ら奮
> て必ず学に従事せしむべき様心得べき事

右之通被　仰出候条地方官ニ於テ辺隅小民ニ至ル迄不洩様便宜解釈ヲ加ヘ精細申諭文部省
規則ニ随ヒ学問普及致候様方法ヲ設可施行事

　明治五年壬申七月

太　政　官

※原文は縦書きで左右に 2 種類のルビがあるが省略した（ルビつき縦書きの原文は国立教
　育政策研究所教育図書館貴重資料デジタルコレクションで閲覧可能）。

学習指導要領　一般編（試案）

昭和22年度　文部省

序論

一　なぜこの書はつくられたか

　いまわが国の教育はこれまでとちがった方向にむかって進んでいる。この方向がどんな方向をとり、どんなふうのあらわれを見せているかということは、もはやだれの胸にもそれと感ぜられていることと思う。このようなあらわれのうちでいちばんたいせつだと思われることは、これまでとかく上の方からきめて与えられたことを、どこまでもそのとおりに実行するといった画一的な傾きのあったのが、こんどはむしろ下の方からみんなの力で、いろいろと、作りあげて行くようになって来たということである。

　これまでの教育では、その内容を中央できめると、それをどんなところでも、どんな児童にも一様にあてはめて行こうとした。だからどうしてもいわゆる画一的になって、教育の実際の場での創意や工夫がなされる余地がなかった。このようなことは、教育の実際にいろいろな不合理をもたらし、教育の生気をそぐようなことになった。たとえば、四月のはじめには、どこでも桜の花のことをおしえるようにきめられたために、あるところでは花はとっくに散ってしまったのに、それをおしえなくてはならないし、あるところではまだつぼみのかたい桜の木をながめながら花のことをおしえなくてはならない、といったようなことさえあった。また都会の児童も、山の中の児童も、そのまわりの状態のちがいなどにおかまいなく同じことを教えられるといった不合理なこともあった。しかもそのようなやり方は、教育の現場で指導にあたる教師の立場を、機械的なものにしてしまって、自分の創意や工夫の力を失わせ、ために教育に生き生きした動きを少なくするようなことになり、時には教師の考えを、あてがわれたことを型どおりにおしえておけばよい、といった気持におとしいれ、ほんとうに生きた指導をしようとする心持を失わせるようなこともあったのである。

　もちろん教育に一定の目標があることは事実である。また一つの骨組みに従って行くことを要求されていることも事実である。しかしそういう目標に達するためには、その骨組みに従いながらも、その地域の社会の特性や、学校の施設の実情や、さらに児童の特性に応じて、それぞれの現場でそれらの事情にぴったりした内容を考え、その方法を工夫してこそよく行くのであって、ただあてがわれた型のとおりにやるのでは、かえって目的を達するに遠くなるのである。またそういう工夫があってこそ、生きた教師の働きが求められるのであって、型のとおりにやるのなら教師は機械にすぎない。そのために熱意が失われがちになるのは当然といわなければならない。これからの教育が、ほんとうに民主的な国民を育てあげて行こうとするならば、まずこのような点から改められなくてはなるまい。このために、直接に児童に接してその育成の任に当たる教師は、よくそれぞれの地域の社会の特性を見てとり、児童を知って、たえず教育の内容についても、方法についても工夫をこらして、これを適切なものにして、教育の目的を達するように努めなくてはなるまい。いまこの祖国の新しい出発に際して教育の負っている責任の重大であることは、いやしくも、教育者たるものの、だれもが痛感しているところである。われわれは児童を愛し、社会を愛し、国を愛し、そしてりっぱな国民をそだてあげて、世界の文化の発展につくそうとする望みを胸において、あらんかぎりの努力をささげなくてはなら

ない。そのためにまずわれわれの教壇生活をこのようにして充実し、われわれの力で日本の教育をりっぱなものにして行くことがなによりたいせつなのではないだろうか。

この書は、学習の指導について述べるのが目的であるが、これまでの教師用書のように、一つの動かすことのできない道をきめて、それを示そうとするような目的でつくられたものではない。新しく児童の要求と社会の要求とに応じて生まれた教科課程をどんなふうにして生かして行くかを教師自身が自分で研究して行く手びきとして書かれたものである。しかし、新しい学年のために短い時間で編集を進めなければならなかったため、すべてについて十分意を尽くすことができなかったし、教師各位の意見をまとめることもできなかった。ただこの編集のために作られた委員会の意見と、一部分の実際家の意見によって、とりいそぎまとめたものである。この書を読まれる人々は、これが全くの試みとして作られたことを念頭におかれ、今後完全なものをつくるために、続々と意見を寄せられて、その完成に協力されることを切に望むものである。

二　どんな研究の問題があるか

いま述べたように、教育をその現場の地域の社会に即し、児童に即して、適切なものにして行くためには、いったいどんなことを研究して行ったらよいであろうか。

まず第一に考えられることは、教育がその目標に達するように学習の指導をしようとすれば、わが国の一般社会、ならびにその学校のある地域の社会の特性を知り、その要求に耳を傾けなくてはならない。ここに一つの研究問題がある。

次に問題になるのは現実の児童の生活である。このことはだれでもすでに知っているように、児童は身ぢかな見なれたことを基にして新しいことを学びとって行くものである。また学習が十分な効果をあげるには、児童が積極的にみずからこれを学ぶのでなければならない。だから児童の生活から離れた指導は、結局成果を得ることはできない。この意味において、教師が児童の指導をするにあたって、その素材を選ぶためには、児童の興味や日常の活動を知ることが欠くことのできないところである。本書ではこの点を考えて、児童の活動や興味についての手がかりを得ることができるように、後に見るように、児童生活のあらましについてのべることにした。しかし、これはまだ決して完全なものではなく、一つの試みとしてのべたに過ぎないのであるし、そのうえ児童の生活は地域地域によって多かれ少なかれ違ったものを持っている。だから教師各位は、これにとらわれることなく、その地域の児童の生活の実情について、これをつかまえることに努力してもらいたい。そしてその適確なもの——すなわち児童の指導にあたって効果をあげるに役立ったもの——については、これを大小となく報告をされたい。これによってわれわれは近い将来において児童の発達に応じた活動を豊かにこの書におりこむことができるようになると思う。ここにまた一つの研究問題がある。

このようにして、教材についての研究が進められたとしても、学習指導の研究がそこに止まってならないことはいうまでもない。すなわち次にはこれらをどうしたら児童がよく学んで行くことができるかを研究してみなくてはならない。たとえ教材が適切であっても、指導の方法がよろしくなければ、とうていその効果をあげることはできない。そこで教師は学校の設備や教具について考え、その地域の児童の生活を知って、それらの上に方法を工夫しなければな

らない。これまでわが国の学校で行われていた指導法は、ともすると単純できまりきっていて、豊かな児童の生活の動きや、その地域の自然や社会の特性や、学校の設備などが生かされていないうらみがあった。われわれは、もっといきいきした豊かな方法を地域に即し、学校に即し、児童に即して研究しなくてはならない。ここにも研究の問題がある。この書は、このような工夫の参考にと思って指導方法の一般的なものについて述べたが、もとより完全なものではない。教師各位は現場の経験にもとづいていっそう適切な指導法を工夫することがたいせつである。

このようにして、教材の研究も方法の研究もきわめて必要であるが、それが単なる思いつきや主観的なものであってはならないことはもちろんである。その研究がいつも確実な基礎を持った科学的な考え方でなされなくてはならない。それには特に指導の結果を正確にしらべて、そこから教材なり指導法なりを吟味することがたいせつである。つまり正確な指導結果の考査によって教材や指導法の適不適をしらべる材料を得て、これによって進めていくことが必要なのである。しかもこの考査によって、児童もまた、自分が学習の目的にどの程度近づいたかを知って、みずからの学習について反省の資料を得ることができるのである。ここでわれわれはどうしたら学習の結果を正確にしらべることができるかを研究する必要がある。この書はこの点についても一応その方法を述べたのであるが、教師各位はこれを参考にされて、もっと適切な方法を工夫して指導をいっそう効果あるようにする資料とされたい。

三　この書の内容

以上のような趣旨で、この書は上に述べたような研究への手びきとなるためにつくられたのである。

そこで次にまずその一般論として、今日のわが国の社会のありさまからみて、どんな教育の目標が考えられるべきかを述べ、新しい教科課程をかかげ、それとともに児童生活の発達と指導方法の一般ならびに指導結果の考査法とを、概説することとした。

各教科の指導要領ではそれぞれの教科の指導目標と、その教科を学習して行くために働く児童の能力の発達を述べ、教材のたての関係を見るための単元の一覧表をかかげ、その教科の指導法と指導結果の考査法とを概説することにした。そして各学年の指導内容については単元を分けて、その目標、指導方法、指導結果の考査法について参考となる事項をあげておいた。

これまでもしばしば述べたように、この書は不完全ではあっても、このようなことについての現場の研究の手びきとなることを志したのであって、その完成は今後全国の教師各位の協力にまたなくてはならない。そのために別に現場の経験や意見を報告していただく報告票を刊行することになている。各位はこれによって本書の改訂に協力していただきたい。この幼い研究の手引きが、各位の協力によって将来健康に成長することを確信して、この書をお手もとにととどける。切に熱心な研究と協力とを望む次第である。

【編著者紹介】

上坂　保仁（うえさか　やすひと）
早稲田大学大学院教育学研究科博士後期課程教育基礎学専攻単位取得退学
修士（教育学）
現在：明星大学教育学部教授
主要著書：市村尚久・早川操・松浦良充ほか編『経験の意味世界をひらく――
　　　　　教育にとって経験とは何か』（共著）東信堂、2003 年
　　　　　佐藤隆之・上坂保仁編著『市民を育てる道徳教育』（共編著）勁草書
　　　　　房、2023 年

神林　寿幸（かんばやし　としゆき）
東北大学大学院教育学研究科総合教育科学専攻博士課程後期 3 年の課程修了
博士（教育学）
現在：明星大学教育学部准教授
主要著書：『公立小・中学校教員の業務負担』（単著）大学教育出版、2017 年
　　　　　ヘニグ，J.（青木栄一監訳）『アメリカ教育例外主義の終焉――変貌
　　　　　する教育改革政治』（分担翻訳）東信堂、2021 年

廣嶋　龍太郎（ひろしま　りゅうたろう）
明星大学大学院人文学研究科教育学専攻博士後期課程単位取得満期退学
博士（教育学）
現在：明星大学教育学部教授
主要著書：乙訓稔編著『教育の論究（改訂版）』（共著）東信堂、2008 年
　　　　　佐々井利夫・樋口修資・廣嶋龍太郎『教育原理』（共著）明星大学出
　　　　　版部、2012 年

ひとりでも学べる教育の理念・思想・歴史

2023 年 12 月 14 日　第 1 版 1 刷発行

編著者―上坂保仁・神林寿幸・廣嶋龍太郎
発行者―森口恵美子
印刷所―美研プリンティング（株）
製本所―（株）グリーン
発行所―八千代出版株式会社

〒101
-0061　東京都千代田区神田三崎町 2-2-13

TEL　03-3262-0420
FAX　03-3237-0723
振替　00190-4-168060

＊定価はカバーに表示してあります。
＊落丁・乱丁本はお取替えいたします。

©2023　Yasuhito Uesaka et al　　ISBN978-4-8429-1856-3

Q4 ○ 日本国憲法 50 条。例外として，院外における現行犯逮捕の場合と，所属議院の許諾がある場合の 2 つがあります（国会法 33 条）。

Q5 ○ 日本国憲法 53 条。

第 13 章　権力分立 (2) 行政権・司法権

Q1 ○ 日本国憲法 66 条 1 項。

Q2 × 内閣総理大臣は国会議員でなければなりません（憲法 67 条 1 項）。

Q3 × 5 年ではなく 10 年を経過するごとに実施されます（憲法 79 条 2 項）。

Q4 ○ 日本国憲法 81 条。なお，下級審は前審としてこの権限を有しています。

Q5 × 裁判員裁判の対象事件は，殺人などの一定の重大な犯罪に係る刑事裁判に限られています。

第 14 章　地 方 自 治

Q1 ○ 日本国憲法 92 条。

Q2 × 日本国憲法 93 条は地方公共団体の議会は「議決機関」とされており，立法機能を担う機関です。同じく選挙で選ばれる首長が「執行機関」として議決された事項を執行（実施）します。

Q3 × 最高裁判所は，「法律の範囲内」を法律に矛盾抵触していないかどうかで判断すべき，としています（最高裁判所大法廷判決昭和 50 年 9 月 10 日）。

Q4 × 住民は有権者の 3 分の 1 の署名を集めることで発案でき，住民投票を行って過半数の同意があったときに解職・解散が実現します（地方自治法 76 ～ 88 条）。

Q5 ○ 教育委員会は委員を地域住民が担うことで，レイマン・コントロールを働かせ，教育の住民自治を実現しようとする組織となっています。

第 15 章　平 和 主 義

Q1 × 戦争放棄については，他国の憲法にも，侵略戦争を禁止するなどの規定が見られます。

Q2 ○ 現在までの政府解釈であり，自衛隊を合憲とする理論的根拠となっています。

Q3 × これまでは集団的自衛権は認められないとしてきましたが，2014（平成

26）年の閣議決定により，集団的自衛権の限定的行使を認める解釈変更がなされました。

Q4 ○　自衛隊法 76 条 1 項 2 号では，「我が国と密接な関係にある他国に対する武力攻撃が発生し，これにより我が国の存立が脅かされ，国民の生命，自由及び幸福追求の権利が根底から覆される明白な危険がある事態」（存立危機事態）にも，自衛隊が防衛出動できるとしています。

Q5 ○　在日米軍専用施設の 7 割超が，沖縄に集中していることになります。

補　論　憲法とは何か

Q1 ×　日本国憲法は，形式的意味の憲法であり，固有の意味の憲法，立憲的意味の憲法の特質を併せ持つ実質的意味の憲法に該当します。

Q2 ○　「国の存立を全うし，国民を守るための切れ目のない安全保障法制の整備について」平成 26 年 7 月 1 日付け閣議決定。

Q3 ×　大日本帝国憲法は，兵役の義務（20 条），納税の義務（21 条）の 2 つについては明文で規定しています。しかし，教育の義務については明文では規定されていませんでした。

Q4 ×　普通教育とはすべての国民に共通する一般的，基礎的な教育であり，職業的・専門的な教育を含まないと考えられています。文部科学省ホームページ「昭和 22 年教育基本法制定時の規定の概要」参照。

Q5 ○　義務教育の段階における普通教育に相当する教育の機会の確保等に関する法律（教育機会確保法）があります。

日本国憲法

昭和 21 年 11 月 3 日　公布
昭和 22 年 5 月 3 日　施行

朕は，日本国民の総意に基いて，新日本建設の礎が，定まるに至つたことを，深くよろこび，枢密顧問の諮詢及び帝国憲法第73条による帝国議会の議決を経た帝国憲法の改正を裁可し，ここにこれを公布せしめる。

　御　名　御　璽
　　昭和 21 年 11 月 3 日
　　　内閣総理大臣兼
　　　外　務　大　臣　　　　　吉　田　　茂
　　　国　務　大　臣　男爵　幣原喜重郎
　　　司　法　大　臣　　　　木村篤太郎
　　　内　務　大　臣　　　　大　村　清　一
　　　文　部　大　臣　　　　田中耕太郎
　　　農　林　大　臣　　　　和　田　博　雄
　　　国　務　大　臣　　　　斎　藤　隆　夫
　　　逓　信　大　臣　　　　一　松　定　吉
　　　商　工　大　臣　　　　星　島　二　郎
　　　厚　生　大　臣　　　　河　合　良　成
　　　国　務　大　臣　　　　植原悦二郎
　　　運　輸　大　臣　　　　平塚常次郎
　　　大　蔵　大　臣　　　　石　橋　湛　山
　　　国　務　大　臣　　　　金森徳次郎
　　　国　務　大　臣　　　　膳　桂之助

　日本国憲法

　日本国民は，正当に選挙された国会における代表者を通じて行動し，われらとわれらの子孫のために，諸国民との協和による成果と，わが国全土にわたつて自由のもたらす恵沢を確保し，政府の行為によつて再び戦争の惨禍が起ることのないやうにすることを決意し，ここに主権が国民に存することを宣言し，この憲法を確定する。そもそも国政は，国民の厳粛な信託によるもの

であつて，その権威は国民に由来し，その権力は国民の代表者がこれを行使し，その福利は国民がこれを享受する。これは人類普遍の原理であり，この憲法は，かかる原理に基くものである。われらは，これに反する一切の憲法，法令及び詔勅を排除する。

　日本国民は，恒久の平和を念願し，人間相互の関係を支配する崇高な理想を深く自覚するのであつて，平和を愛する諸国民の公正と信義に信頼して，われらの安全と生存を保持しようと決意した。われらは，平和を維持し，専制と隷従，圧迫と偏狭を地上から永遠に除去しようと努めてゐる国際社会において，名誉ある地位を占めたいと思ふ。われらは，全世界の国民が，ひとしく恐怖と欠乏から免かれ，平和のうちに生存する権利を有することを確認する。

　われらは，いづれの国家も，自国のことのみに専念して他国を無視してはならないのであつて，政治道徳の法則は，普遍的なものであり，この法則に従ふことは，自国の主権を維持し，他国と対等関係に立たうとする各国の責務であると信ずる。

　日本国民は，国家の名誉にかけ，全力をあげてこの崇高な理想と目的を達成することを誓ふ。

第 1 章　天　皇

第 1 条　天皇は，日本国の象徴であり日本国民統合の象徴であつて，この地位は，主権の存する日本国民の総意に基く。

第 2 条　皇位は，世襲のものであつて，国会の議決した皇室典範の定めるところにより，これを継承する。

第 3 条　天皇の国事に関するすべての行為には，内閣の助言と承認を必要とし，内閣が，その責任を負ふ。

第4条　天皇は，この憲法の定める国事に関する行為のみを行ひ，国政に関する権能を有しない。

② 天皇は，法律の定めるところにより，その国事に関する行為を委任することができる。

第5条　皇室典範の定めるところにより摂政を置くときは，摂政は，天皇の名でその国事に関する行為を行ふ。この場合には，前条第1項の規定を準用する。

第6条　天皇は，国会の指名に基いて，内閣総理大臣を任命する。

② 天皇は，内閣の指名に基いて，最高裁判所の長たる裁判官を任命する。

第7条　天皇は，内閣の助言と承認により，国民のために，左の国事に関する行為を行ふ。

　一　憲法改正，法律，政令及び条約を公布すること。

　二　国会を召集すること。

　三　衆議院を解散すること。

　四　国会議員の総選挙の施行を公示すること。

　五　国務大臣及び法律の定めるその他の官吏の任免並びに全権委任状及び大使及び公使の信任状を認証すること。

　六　大赦，特赦，減刑，刑の執行の免除及び復権を認証すること。

　七　栄典を授与すること。

　八　批准書及び法律の定めるその他の外交文書を認証すること。

　九　外国の大使及び公使を接受すること。

　十　儀式を行ふこと。

第8条　皇室に財産を譲り渡し，又は皇室が，財産を譲り受け，若しくは賜与することは，国会の議決に基かなければならない。

第2章　戦争の放棄

第9条　日本国民は，正義と秩序を基調とする国際平和を誠実に希求し，国権の発動たる戦争と，武力による威嚇又は武力の行使は，国際紛争を解決する手段とし

ては，永久にこれを放棄する。

② 前項の目的を達するため，陸海空軍その他の戦力は，これを保持しない。国の交戦権は，これを認めない。

第3章　国民の権利及び義務

第10条　日本国民たる要件は，法律でこれを定める。

第11条　国民は，すべての基本的人権の享有を妨げられない。この憲法が国民に保障する基本的人権は，侵すことのできない永久の権利として，現在及び将来の国民に与へられる。

第12条　この憲法が国民に保障する自由及び権利は，国民の不断の努力によって，これを保持しなければならない。又，国民は，これを濫用してはならないのであつて，常に公共の福祉のためにこれを利用する責任を負ふ。

第13条　すべて国民は，個人として尊重される。生命，自由及び幸福追求に対する国民の権利については，公共の福祉に反しない限り，立法その他の国政の上で，最大の尊重を必要とする。

第14条　すべて国民は，法の下に平等であつて，人種，信条，性別，社会的身分又は門地により，政治的，経済的又は社会的関係において，差別されない。

② 華族その他の貴族の制度は，これを認めない。

③ 栄誉，勲章その他の栄典の授与は，いかなる特権も伴はない。栄典の授与は，現にこれを有し，又は将来これを受ける者の一代に限り，その効力を有する。

第15条　公務員を選定し，及びこれを罷免することは，国民固有の権利である。

② すべて公務員は，全体の奉仕者であつて，一部の奉仕者ではない。

③ 公務員の選挙については，成年者による普通選挙を保障する。

④ すべて選挙における投票の秘密は，これを侵してはならない。選挙人は，その選択に関し公的にも私的にも責任を問は

れない。

第16条　何人も，損害の救済，公務員の罷免，法律，命令又は規則の制定，廃止又は改正その他の事項に関し，平穏に請願する権利を有し，何人も，かかる請願をしたためにいかなる差別待遇も受けない。

第17条　何人も，公務員の不法行為により，損害を受けたときは，法律の定めるところにより，国又は公共団体に，その賠償を求めることができる。

第18条　何人も，いかなる奴隷的拘束も受けない。又，犯罪に因る処罰の場合を除いては，その意に反する苦役に服させられない。

第19条　思想及び良心の自由は，これを侵してはならない。

第20条　信教の自由は，何人に対してもこれを保障する。いかなる宗教団体も，国から特権を受け，又は政治上の権力を行使してはならない。

②　何人も，宗教上の行為，祝典，儀式又は行事に参加することを強制されない。

③　国及びその機関は，宗教教育その他いかなる宗教的活動もしてはならない。

第21条　集会，結社及び言論，出版その他一切の表現の自由は，これを保障する。

②　検閲は，これをしてはならない。通信の秘密は，これを侵してはならない。

第22条　何人も，公共の福祉に反しない限り，居住，移転及び職業選択の自由を有する。

②　何人も，外国に移住し，又は国籍を離脱する自由を侵されない。

第23条　学問の自由は，これを保障する。

第24条　婚姻は，両性の合意のみに基いて成立し，夫婦が同等の権利を有することを基本として，相互の協力により，維持されなければならない。

②　配偶者の選択，財産権，相続，住居の選定，離婚並びに婚姻及び家族に関するその他の事項に関しては，法律は，個人の尊厳と両性の本質的平等に立脚して，

制定されなければならない。

第25条　すべて国民は，健康で文化的な最低限度の生活を営む権利を有する。

②　国は，すべての生活部面について，社会福祉，社会保障及び公衆衛生の向上及び増進に努めなければならない。

第26条　すべて国民は，法律の定めるところにより，その能力に応じて，ひとしく教育を受ける権利を有する。

②　すべて国民は，法律の定めるところにより，その保護する子女に普通教育を受けさせる義務を負ふ。義務教育は，これを無償とする。

第27条　すべて国民は，勤労の権利を有し，義務を負ふ。

②　賃金，就業時間，休息その他の勤労条件に関する基準は，法律でこれを定める。

③　児童は，これを酷使してはならない。

第28条　勤労者の団結する権利及び団体交渉その他の団体行動をする権利は，これを保障する。

第29条　財産権は，これを侵してはならない。

②　財産権の内容は，公共の福祉に適合するやうに，法律でこれを定める。

③　私有財産は，正当な補償の下に，これを公共のために用ひることができる。

第30条　国民は，法律の定めるところにより，納税の義務を負ふ。

第31条　何人も，法律の定める手続によらなければ，その生命若しくは自由を奪はれ，又はその他の刑罰を科せられない。

第32条　何人も，裁判所において裁判を受ける権利を奪はれない。

第33条　何人も，現行犯として逮捕される場合を除いては，権限を有する司法官憲が発し，且つ理由となつてゐる犯罪を明示する令状によらなければ，逮捕されない。

第34条　何人も，理由を直ちに告げられ，且つ，直ちに弁護人に依頼する権利を与へられなければ，抑留又は拘禁されない。又，何人も，正当な理由がなければ，拘

禁されず，要求があれば，その理由は，直ちに本人及びその弁護人の出席する公開の法廷で示されなければならない。

第35条　何人も，その住居，書類及び所持品について，侵入，捜索及び押収を受けることのない権利は，第33条の場合を除いては，正当な理由に基いて発せられ，且つ捜索する場所及び押収する物を明示する令状がなければ，侵されない。

② 捜索又は押収は，権限を有する司法官憲が発する各別の令状により，これを行ふ。

第36条　公務員による拷問及び残虐な刑罰は，絶対にこれを禁ずる。

第37条　すべて刑事事件においては，被告人は，公平な裁判所の迅速な公開裁判を受ける権利を有する。

② 刑事被告人は，すべての証人に対して審問する機会を充分に与へられ，又，公費で自己のために強制的手続により証人を求める権利を有する。

③ 刑事被告人は，いかなる場合にも，資格を有する弁護人を依頼することができる。被告人が自らこれを依頼することができないときは，国でこれを附する。

第38条　何人も，自己に不利益な供述を強要されない。

② 強制，拷問若しくは脅迫による自白又は不当に長く抑留若しくは拘禁された後の自白は，これを証拠とすることができない。

③ 何人も，自己に不利益な唯一の証拠が本人の自白である場合には，有罪とされ，又は刑罰を科せられない。

第39条　何人も，実行の時に適法であつた行為又は既に無罪とされた行為については，刑事上の責任を問はれない。又，同一の犯罪について，重ねて刑事上の責任を問はれない。

第40条　何人も，抑留又は拘禁された後，無罪の裁判を受けたときは，法律の定めるところにより，国にその補償を求めることができる。

第4章　国　会

第41条　国会は，国権の最高機関であつて，国の唯一の立法機関である。

第42条　国会は，衆議院及び参議院の両議院でこれを構成する。

第43条　両議院は，全国民を代表する選挙された議員でこれを組織する。

② 両議院の議員の定数は，法律でこれを定める。

第44条　両議院の議員及びその選挙人の資格は，法律でこれを定める。但し，人種，信条，性別，社会的身分，門地，教育，財産又は収入によつて差別してはならない。

第45条　衆議院議員の任期は，4年とする。但し，衆議院解散の場合には，その期間満了前に終了する。

第46条　参議院議員の任期は，6年とし，3年ごとに議員の半数を改選する。

第47条　選挙区，投票の方法その他両議院の議員の選挙に関する事項は，法律でこれを定める。

第48条　何人も，同時に両議院の議員たることはできない。

第49条　両議院の議員は，法律の定めるところにより，国庫から相当額の歳費を受ける。

第50条　両議院の議員は，法律の定める場合を除いては，国会の会期中逮捕されず，会期前に逮捕された議員は，その議院の要求があれば，会期中これを釈放しなければならない。

第51条　両議院の議員は，議院で行つた演説，討論又は表決について，院外で責任を問はれない。

第52条　国会の常会は，毎年1回これを召集する。

第53条　内閣は，国会の臨時会の召集を決定することができる。いづれかの議院の総議員の4分の1以上の要求があれば，内閣は，その召集を決定しなければならない。

第54条　衆議院が解散されたときは，解散の日から40日以内に，衆議院議員の総選挙を行ひ，その選挙の日から30日以内に，国会を召集しなければならない。

② 衆議院が解散されたときは，参議院は，同時に閉会となる。但し，内閣は，国に緊急の必要があるときは，参議院の緊急集会を求めることができる。

③ 前項但書の緊急集会において採られた措置は，臨時のものであつて，次の国会開会の後10日以内に，衆議院の同意がない場合には，その効力を失ふ。

第55条　両議院は，各々その議員の資格に関する争訟を裁判する。但し，議員の議席を失はせるには，出席議員の3分の2以上の多数による議決を必要とする。

第56条　両議院は，各々その総議員の3分の1以上の出席がなければ，議事を開き議決することができない。

② 両議院の議事は，この憲法に特別の定のある場合を除いては，出席議員の過半数でこれを決し，可否同数のときは，議長の決するところによる。

第57条　両議院の会議は，公開とする。但し，出席議員の3分の2以上の多数で議決したときは，秘密会を開くことができる。

② 両議院は，各々その会議の記録を保存し，秘密会の記録の中で特に秘密を要すると認められるもの以外は，これを公表し，且つ一般に頒布しなければならない。

③ 出席議員の5分の1以上の要求があれば，各議員の表決は，これを会議録に記載しなければならない。

第58条　両議院は，各々その議長その他の役員を選任する。

② 両議院は，各々その会議その他の手続及び内部の規律に関する規則を定め，又，院内の秩序をみだした議員を懲罰することができる。但し，議員を除名するには，出席議員の3分の2以上の多数による議決を必要とする。

第59条　法律案は，この憲法に特別の定のある場合を除いては，両議院で可決したとき法律となる。

② 衆議院で可決し，参議院でこれと異なつた議決をした法律案は，衆議院で出席議員の3分の2以上の多数で再び可決したときは，法律となる。

③ 前項の規定は，法律の定めるところにより，衆議院が，両議院の協議会を開くことを求めることを妨げない。

④ 参議院が，衆議院の可決した法律案を受け取つた後，国会休会中の期間を除いて60日以内に，議決しないときは，衆議院は，参議院がその法律案を否決したものとみなすことができる。

第60条　予算は，さきに衆議院に提出しなければならない。

② 予算について，参議院で衆議院と異なつた議決をした場合に，法律の定めるところにより，両議院の協議会を開いても意見が一致しないとき，又は参議院が，衆議院の可決した予算を受け取つた後，国会休会中の期間を除いて30日以内に，議決しないときは，衆議院の議決を国会の議決とする。

第61条　条約の締結に必要な国会の承認については，前条第2項の規定を準用する。

第62条　両議院は，各々国政に関する調査を行ひ，これに関して，証人の出頭及び証言並びに記録の提出を要求することができる。

第63条　内閣総理大臣その他の国務大臣は，両議院の一に議席を有すると有しないとにかかはらず，何時でも議案について発言するため議院に出席することができる。又，答弁又は説明のため出席を求められたときは，出席しなければならない。

第64条　国会は，罷免の訴追を受けた裁判官を裁判するため，両議院の議員で組織する弾劾裁判所を設ける。

② 弾劾に関する事項は，法律でこれを定める。

第5章　内　閣

第65条　行政権は，内閣に属する。

第66条　内閣は，法律の定めるところにより，その首長たる内閣総理大臣及びその他の国務大臣でこれを組織する。

② 内閣総理大臣その他の国務大臣は，文民でなければならない。

③ 内閣は，行政権の行使について，国会に対し連帯して責任を負ふ。

第67条　内閣総理大臣は，国会議員の中から国会の議決で，これを指名する。この指名は，他のすべての案件に先だつて，これを行ふ。

② 衆議院と参議院とが異なつた指名の議決をした場合に，法律の定めるところにより，両議院の協議会を開いても意見が一致しないとき，又は衆議院が指名の議決をした後，国会休会中の期間を除いて10日以内に，参議院が，指名の議決をしないときは，衆議院の議決を国会の議決とする。

第68条　内閣総理大臣は，国務大臣を任命する。但し，その過半数は，国会議員の中から選ばれなければならない。

② 内閣総理大臣は，任意に国務大臣を罷免することができる。

第69条　内閣は，衆議院で不信任の決議案を可決し，又は信任の決議案を否決したときは，10日以内に衆議院が解散されない限り，総辞職をしなければならない。

第70条　内閣総理大臣が欠けたとき，又は衆議院議員総選挙の後に初めて国会の召集があつたときは，内閣は，総辞職をしなければならない。

第71条　前2条の場合には，内閣は，あらたに内閣総理大臣が任命されるまで引き続きその職務を行ふ。

第72条　内閣総理大臣は，内閣を代表して議案を国会に提出し，一般国務及び外交関係について国会に報告し，並びに行政各部を指揮監督する。

第73条　内閣は，他の一般行政事務の外，左の事務を行ふ。

一　法律を誠実に執行し，国務を総理すること。

二　外交関係を処理すること。

三　条約を締結すること。但し，事前に，時宜によつては事後に，国会の承認を経ることを必要とする。

四　法律の定める基準に従ひ，官吏に関する事務を掌理すること。

五　予算を作成して国会に提出すること。

六　この憲法及び法律の規定を実施するために，政令を制定すること。但し，政令には，特にその法律の委任がある場合を除いては，罰則を設けることができない。

七　大赦，特赦，減刑，刑の執行の免除及び復権を決定すること。

第74条　法律及び政令には，すべて主任の国務大臣が署名し，内閣総理大臣が連署することを必要とする。

第75条　国務大臣は，その在任中，内閣総理大臣の同意がなければ，訴追されない。但し，これがため，訴追の権利は，害されない。

第6章　司　法

第76条　すべて司法権は，最高裁判所及び法律の定めるところにより設置する下級裁判所に属する。

② 特別裁判所は，これを設置することができない。行政機関は，終審として裁判を行ふことができない。

③ すべて裁判官は，その良心に従ひ独立してその職権を行ひ，この憲法及び法律にのみ拘束される。

第77条　最高裁判所は，訴訟に関する手続，弁護士，裁判所の内部規律及び司法事務処理に関する事項について，規則を定める権限を有する。

② 検察官は，最高裁判所の定める規則に従はなければならない。

③ 最高裁判所は，下級裁判所に関する規

則を定める権限を，下級裁判所に委任することができる。

第78条　裁判官は，裁判により，心身の故障のために職務を執ることができないと決定された場合を除いては，公の弾劾によらなければ罷免されない。裁判官の懲戒処分は，行政機関がこれを行ふことはできない。

第79条　最高裁判所は，その長たる裁判官及び法律の定める員数のその他の裁判官でこれを構成し，その長たる裁判官以外の裁判官は，内閣でこれを任命する。

②　最高裁判所の裁判官の任命は，その任命後初めて行はれる衆議院議員総選挙の際国民の審査に付し，その後10年を経過した後初めて行はれる衆議院議員総選挙の際更に審査に付し，その後も同様とする。

③　前項の場合において，投票者の多数が裁判官の罷免を可とするときは，その裁判官は，罷免される。

④　審査に関する事項は，法律でこれを定める。

⑤　最高裁判所の裁判官は，法律の定める年齢に達した時に退官する。

⑥　最高裁判所の裁判官は，すべて定期に相当額の報酬を受ける。この報酬は，在任中，これを減額することができない。

第80条　下級裁判所の裁判官は，最高裁判所の指名した者の名簿によつて，内閣でこれを任命する。その裁判官は，任期を10年とし，再任されることができる。但し，法律の定める年齢に達した時には退官する。

②　下級裁判所の裁判官は，すべて定期に相当額の報酬を受ける。この報酬は，在任中，これを減額することができない。

第81条　最高裁判所は，一切の法律，命令，規則又は処分が憲法に適合するかしないかを決定する権限を有する終審裁判所である。

第82条　裁判の対審及び判決は，公開法廷でこれを行ふ。

②　裁判所が，裁判官の全員一致で，公の秩序又は善良の風俗を害する虞があると決した場合には，対審は，公開しないでこれを行ふことができる。但し，政治犯罪，出版に関する犯罪又はこの憲法第3章で保障する国民の権利が問題となつてゐる事件の対審は，常にこれを公開しなければならない。

第7章　財　政

第83条　国の財政を処理する権限は，国会の議決に基いて，これを行使しなければならない。

第84条　あらたに租税を課し，又は現行の租税を変更するには，法律又は法律の定める条件によることを必要とする。

第85条　国費を支出し，又は国が債務を負担するには，国会の議決に基くことを必要とする。

第86条　内閣は，毎会計年度の予算を作成し，国会に提出して，その審議を受け議決を経なければならない。

第87条　予見し難い予算の不足に充てるため，国会の議決に基いて予備費を設け，内閣の責任でこれを支出することができる。

②　すべて予備費の支出については，内閣は，事後に国会の承諾を得なければならない。

第88条　すべて皇室財産は，国に属する。すべて皇室の費用は，予算に計上して国会の議決を経なければならない。

第89条　公金その他の公の財産は，宗教上の組織若しくは団体の使用，便益若しくは維持のため，又は公の支配に属しない慈善，教育若しくは博愛の事業に対し，これを支出し，又はその利用に供してはならない。

第90条　国の収入支出の決算は，すべて毎年会計検査院がこれを検査し，内閣は，次の年度に，その検査報告とともに，これを国会に提出しなければならない。

②　会計検査院の組織及び権限は，法律で

これを定める。

第91条　内閣は，国会及び国民に対し，定期に，少くとも毎年1回，国の財政状況について報告しなければならない。

第8章　地方自治

第92条　地方公共団体の組織及び運営に関する事項は，地方自治の本旨に基いて，法律でこれを定める。

第93条　地方公共団体には，法律の定めるところにより，その議事機関として議会を設置する。

②　地方公共団体の長，その議会の議員及び法律の定めるその他の吏員は，その地方公共団体の住民が，直接これを選挙する。

第94条　地方公共団体は，その財産を管理し，事務を処理し，及び行政を執行する権能を有し，法律の範囲内で条例を制定することができる。

第95条　一の地方公共団体のみに適用される特別法は，法律の定めるところにより，その地方公共団体の住民の投票においてその過半数の同意を得なければ，国会は，これを制定することができない。

第9章　改　正

第96条　この憲法の改正は，各議院の総議員の3分の2以上の賛成で，国会が，これを発議し，国民に提案してその承認を経なければならない。この承認には，特別の国民投票又は国会の定める選挙の際行はれる投票において，その過半数の賛成を必要とする。

②　憲法改正について前項の承認を経たときは，天皇は，国民の名で，この憲法と一体を成すものとして，直ちにこれを公布する。

第10章　最高法規

第97条　この憲法が日本国民に保障する基本的人権は，人類の多年にわたる自由

獲得の努力の成果であつて，これらの権利は，過去幾多の試錬に堪へ，現在及び将来の国民に対し，侵すことのできない永久の権利として信託されたものである。

第98条　この憲法は，国の最高法規であつて，その条規に反する法律，命令，詔勅及び国務に関するその他の行為の全部又は一部は，その効力を有しない。

②　日本国が締結した条約及び確立された国際法規は，これを誠実に遵守することを必要とする。

第99条　天皇又は摂政及び国務大臣，国会議員，裁判官その他の公務員は，この憲法を尊重し擁護する義務を負ふ。

第11章　補　則

第100条　この憲法は，公布の日から起算して6箇月を経過した日から，これを施行する。

②　この憲法を施行するために必要な法律の制定，参議院議員の選挙及び国会召集の手続並びにこの憲法を施行するために必要な準備手続は，前項の期日よりも前に，これを行ふことができる。

第101条　この憲法施行の際，参議院がまだ成立してゐないときは，その成立するまでの間，衆議院は，国会としての権限を行ふ。

第102条　この憲法による第一期の参議院議員のうち，その半数の者の任期は，これを3年とする。その議員は，法律の定めるところにより，これを定める。

第103条　この憲法施行の際現に在職する国務大臣，衆議院議員及び裁判官並びにその他の公務員で，その地位に相応する地位がこの憲法で認められてゐる者は，法律で特別の定をした場合を除いては，この憲法施行のため，当然にはその地位を失ふことはない。但し，この憲法によつて，後任者が選挙又は任命されたときは，当然その地位を失ふ。

著者紹介

内山絵美子（うちやま・えみこ）　　　　　　　　　　　　第 4 章，第 14 章
　　筑波大学大学院博士後期課程人間総合科学研究科教育基礎学専攻単位取得退学
　　現在　小田原短期大学専任講師
　　専門　教育行政学，教育制度学
　　主な著作　『保育者・小学校教員のための教育制度論（新訂第 2 版）』（共編著）教育開
　　発研究所，2023 年

坂田　　仰（さかた・たかし）　　　第 1 章，第 2 章，第 5 章，第 8 章，第 10 章，補論
　　東京大学大学院法学政治学研究科公法専攻博士課程単位取得退学
　　現在　日本女子大学教授・放送大学客員教授
　　専門　公法学，公教育制度論
　　主な著作　『学校と法―権利と公共性の衝突―（3 訂版）』（編著）放送大学教育振興会，
　　2020 年

田中　　洋（たなか・ひろし）　　　　　第 6 章，第 7 章，第 9 章，第 11 章，第 15 章
　　東京大学大学院法学政治学研究科公法専攻修士課程［公共政策専修コース I］修了
　　現在　淑徳大学教授
　　専門　教育法規，憲法学
　　主な著作　『教職教養　日本国憲法（補訂第 2 版）』（共著）八千代出版，2011 年

山田知代（やまだ・ともよ）　　　　　　　　　　第 3 章，第 12 章，第 13 章
　　筑波大学大学院博士後期課程人間総合科学研究科教育基礎学専攻単位取得退学
　　現在　多摩大学准教授
　　専門　教育法規，教育制度，教育行政
　　主な著作　『保育者・小学校教員のための教育制度論（新訂第 2 版）』（共編著）教育開
　　発研究所，2023 年

保育士・教員のための憲法

2023 年 12 月 26 日　第 1 版 1 刷発行

　　著　者 ― 内山絵美子・坂田仰・田中洋・山田知代
　　発行者 ― 森　口　恵美子
　　印刷所 ― 三光デジプロ
　　製本所 ― グ　リ　ー　ン
　　発行所 ― 八千代出版株式会社

　　〒101
　　-0061　　東京都千代田区神田三崎町2-2-13
　　TEL　03(3262)0420
　　FAX　03(3237)0723
　　振替　00190-4-168060

　　＊定価はカバーに表示してあります。
　　＊落丁・乱丁本はお取り替えいたします。